Günter von Hummel

Was es vom EIN gibt

Siri Hustvedt, queere Literatur und eine An-
leitung zur Selbstanalyse

Die Malerin T. Heydecker beschreibt das Umschlagsbild folgendermaßen: Die Figur im Vordergrund ‚zieht' ihr physisches Auge, ihren weltlich gefärbten Blick heraus. Weiter oben im Kopf befindet sich das leere Auge des Gehirns. Man kann seine ‚normale' Funktion, eine selektive, ich aktive Form, absetzen, umschalten und somit unbewusst sehen. Das Ohr darüber ist wie das ‚leere Auge' kein selektives Hören, sondern reine Aufmerksamkeit. Zugleich deutet die Hand auf ein Anderes, in diesem Fall auf eine Ente hin, die auch in einer, ihr eigenen Bewusstheit und Aufmerksamkeit da ist. Das florale Muster bezieht die Pflanzen, die Natur mit ein.

Herstellung und Verlag:
BoD - Books on Demand, Norderstedt
ISBN 9783744863971
Lektorat: S. Möckel, München

INHALTSVERZEICHNIS

1. Jeanne D'Arc und die Queerness

Jeanne D'Arc, die Jungfrau von Orleans, war – so würde man es heute zumindest auch sagen können – eine queere Figur. Das liegt schon einmal an ihrer Neigung zur Männerkleidung und ihrem Streben nach männlichen Heldentaten, auch wenn man dies alles – ebenso nach heutiger Manier – als harmlos neurotisch einstufen könnte. Ich will auch ihrer Größe keinen Abbruch tun, bekanntlich hörte sie schon als Kind ‚Stimmen‘, die ihr anfänglich zu verstärktem Glauben an Gott und an die Kirche rieten. Später erschien ihr ein Mann mit ‚schneeweißen Flügeln‘, der sich als Erzengel Michael entpuppte und sie zum Kampf gegen England aufrief. Er war es, der ihr dann auch versprach, wo sie sich Männerkleidung besorgen und wie sie zum König gelangen könnte. Strenger Katholizismus und Männerherrschaften bestimmten damals das Leben, und so nahm alles zuerst seinen typischen, zeitgetreuen Verlauf, den man damals zurecht nicht als queer bezeichnete. So etwas kannte man nicht.

Trotzdem können wir von heute und von der heutigen Wissenschaft, speziell auch von der Psychoanalyse her, eine etwas andere Einschätzung dieses ‚himmlischen Mädchens‘ und ihrer faszinierenden Persönlichkeit geben. Demnach lag etwas Neurotisch-Hysterisches vor und eine gewisse Transgendertendenz kann man dem Fall Jeanne D'Arc von heute aus gesehen vielleicht doch zuordnen. Der Hang zur Männerkleidung und auch zu männlichen Durchhaltegedanken spielte nämlich noch ganz am Schluss, als Jeanne D'Arc schon lange in Gefangenschaft war, eine weiterhin bestimmte Rolle. Dort hatte sie sich nämlich wieder Soldatenhose und -jacke angezogen, und es kam zum Streit, zu einem längeren Hin und Her mit dem Gefängnispersonal darüber, ob sie dies nur zum Schutz vor männlichen Zudringlichkeiten angezogen habe oder nicht. Mit Sicherheit hat Jeanne D'Arc niemals daran gedacht, ein Mann sein zu wollen im Sinne einer weitgehendst männlichen Identität. Aber männliche Attribute zogen sie stark an. Trotzdem war sie auch eine ‚Heilige'.[1]

Bestrebungen zum Geschlechtswechsel sind erst mit den Möglichkeiten körperlicher (hormonellen und chirurgischer) Angleichung stärker geworden. Doch die Mann/ Frau-, die Transgender-Thematik, gab es schon immer. Bereits der griechische Seher Theiresias wurde von der Zeusgattin Hera in eine Frau verwandelt und als Hera ihn wieder zum Mann zurück transfomierend nach zehn Jahren die bekannte alberne Frage stellte, wer denn nun beim Lieben mehr genieße, Mann oder Frau, er müsse es als der optimale Transgender doch nun wissen, sagte Theiresias: als Frau zehnmal mehr! Prompt schlug Hera ihn mit Blindheit, denn das wollte sie schon gar nicht hören. Nachdem ihr Gatte eine Affäre nach der anderen produzierte, wollte sie ihm beweisen, dass die Frauen gar nicht so viel davon hätten und das Ganze nur eine Lustwut der Männer wäre. Zeus milderte Heras Verdammung zur Blindheit etwas ab und verlieh Theresias die Sehergabe.

---

[1] Ich schreibe ‚Heilige' in Anführungszeichen, weil Heiligkeit immer schon schwer einzustufen war, aber so kann man es stehen lassen.

Und so ist bis heute die Geschichte voll mit den Erzählungen von Männern, die sich in Frauenkleidern präsen-
tierten, die versteckt homosexuell waren oder feminine
Spielarten bevorzugten. Und sie ist auch voll von männlichen Frauen, die sich burschikos und jungenhaft geben,
'zu Hause die Hosen anhaben' wie man sagt, oder gar die
perfekte Domina sind. Der indische Psychoanalytiker, G.
Bose behauptete, dass grundsätzlich jeder, Mann und
Frau, einen Transgender-Wunsch habe, und so entwickelte er im Gegenzug zu Freuds Definition des Ödipuskomplexes den Komplex der „gegensätzlichen Wünsche"
(opposit wishes) oder Affekte. Der von Freud postulier-
ten Kastrationsangst des Knaben setzte er z. B. den unbewussten und libidinösen „Wunsch eine Frau zu sein"
gegenüber. Dieser unbewusste Wunsch musste dann vom
Therapeuten dem Patienten bewusst gemacht und mit der
äußerlichen Situation versöhnt werden. Allerdings geriet
Bose oft in Konflikte, wenn seine Patienten sich zu stark
gegen seine Kriterien wehrten.

Es ist nicht schwer sich vorzustellen, wie ein junges
Mädchen, aufgewachsen auf einem Bauernhof, sich in
Phantasien hineinsteigert, die von Schönheit und Größe,
von Spiritualität und Anerkennung gefüllt sind. Auch
heute noch bevorzugen manche Mädchen Ritterspiele
und abenteuerliche Unternehmungen mit Jungen und
passen so gar nicht ins Schema rosaroten Mädchenträu-
me, die sich viele Kinder wünschen und für Blütenarran-
gements schwärmen. Besessen davon Soldatin zu sein, zu
reiten, Erfolge zu haben, zu kämpfen und zu siegen ist
dann schon etwas ungewöhnlicher. Erstaunlich war ja,

dass der Stadtkommandant Baudricourt und auch der Dauphin, der spätere König, sich von Jeanne D'Arc überreden ließen, sie einzukleiden und Eskorten zur Seite zu stellen. In unserer heutigen techno- und bürokratischen Welt wären solche außergewöhnlichen und mutigen Schritte nicht mehr möglich. ,Heilige' landen heute in der Psychiatrie.

Man könnte Jeanne D'Arc auch eine hypomanische Abwehr unterstellen, das heißt, dass man sich unbewusst in eine gehobene Stimmung und Aktivität versetzt, weil man eine Infragestellung des eigenen Selbstbildes abwehren möchte. Dann steht nicht so sehr das libidinöse Begehren im Vordergrund, sondern etwas Aggressives. Schließlich wird Jeanne D'Arc ja oft mit dem Schwert in der Hand gezeigt, und so kann man sich schon fragen: wie kommt ein junges Mädchen vom Land dazu, sich ja auch vorstellen zu müssen, wie sie mit dem Schwert ihre Feinde durchbohrt. Selbst wenn man berücksichtigt, dass das Penetrieren zum männlichen Sexualverhalten gehört, so ist doch in den Bildern, die man sich von Jeanne D'Arc mit Rüstung, Schwert und Lanze gemacht hat, ein hypomanisch-aggressives Element zu finden.

Wie würde es einer Jeanne D'Arc heute ergehen? ,Stimmenhören' im jugendlichen Alter kommt auch heute noch oft vor und es muss absolut nicht pathologisch sein.[2] An einer schizo-affektiven Psychose litt Jeanne D'Arc sicherlich nicht, und so bleibt eben nur eine gewisse neuro-

---

[2] Stratenwerth, I., Stimmen hören, Botschaften aus der inneren Welt, Piper (1999)

tische Grundhaltung, die man ihr heute wohl attestieren könnte und die ja auch immer schon zu künstlerischen oder sonstigen Sonderleistungen prädestiniert hat, die dann gut oder weniger gut ausgehen können. Vielleicht handelt es sich bei den überehrgeizigen Frauen, die heutzutage die Chefetagen stürmen, um ähnliche Persönlichkeiten. Bei uns in Deutschland ist es jetzt schon der zweiten Frau gelungen, den höchsten Posten im militärischen Bereich einzunehmen, nämlich den der Verteidigungsministerin. Auch in Philosophie, Justiz und im Finanz- und Wirtschaftsdisziplinen stürmen die jungen Frauen erfreulicherweise nach vorne.

Es ist ja auch bekannt, dass Jeanne D'Arc sich hervorragend vor Gericht gegen die Intrigen und Raffinessen der englischen Rächer gewehrt hat, aber letztlich doch der Übermacht der politischen Machtkämpfe zwischen dem schwachen französischen König und den Engländern zum Opfer gefallen ist. Das Ränkespiel war fürchterlich. Man stellte ihr Fangfragen wie z. B. die, ob sie ihrer Gnade gewisss sei. Hätte sie geantwortet im Stande der Gnade zu sein, wäre ihr das als ketzerische Anmaßung ausgelegt worden, hätte sie es geleugnet, so hätte sie ihre Schuld zugegeben. Sich aus dieser Schlinge ziehend sagte sie: *„Wenn ich es nicht bin, möge mich Gott dahin bringen, wenn ich es bin, möge mich Gott darin erhalten"*![3]

In den sich lange hinziehenden Verhören und Prozessen ging es ständig um Leben und Tod, Glaubensbessenheit und Irrglauben, theologische Amtsanmaßung und natürli-

---

[3] Wikipedia: Jeanne D'Arc

che, mädchenhaft-weibliche Offenheit sowie zahlreiche andere Gegensätzlichkeiten und Widersprüche. Trotzdem bleibt die Frage: gab es nicht doch bei Jeanne D'Arc eine minnimale Queerness, eine Transgenderproblematik, eine Hypomanie, deren Wesen für uns ja auch hier und heute noch absolut nicht gelöst ist. Aber man kann in einer Therapie als Deutungsinstrument gebrauchen. Geht es heute nicht manchen Menschen mit Transgenderwunsch wieder so wie es Jeanne D'Arc ergangen ist? Man wird heute nicht mehr verbrannt, aber in schrecklichen Identitätskonflikten alleine gelassen? Inwieweit müssen wir uns alle damit beschäftigen?

Freilich gibt es einen Zusammenhang zwischen Genderproblem und Neurose, schon Freud meinte, das erstere sei die Schattenform des letzteren. Aber da existiert ja bei Jeanne D'Arc auch noch die religiöse Dimension, die man allerdings außerhalb jeder konfessionellen Zuschreibung klären müsste. Vielleicht hatte sich Jeanne D'Arc spirituellen Übungen hingegeben, wie sie in der mittelalterlichen Mystik üblich waren und dazu keinen geeigneten Lehrer gehabt. Schließlich ist niemand auf die Idee gekommen, in ihr eine Hexe zu sehen, erst gegen Ende ihrer Gefangenschaft hat man sie als 'notorische Ketzerin' eingestuft, ihr also ein ähnliches negatives imago verpasst. Egal, für eine weitere Klärung wechsle ich das Thema zu einem – wenn vielleicht auch fraglichen – dafür aktuellen Vergleich.

Der Jurist und Publizist Jürgen Todenhöfer gilt schon seit langem so ein bisschen als von Krisen und aus Kriegen berichtender Selbstvermarkter. Fast exhibitionistisch steht er immer sichtbar mitten im Grauen und spart nicht mit narzisstischen Hinweisen darauf, wo er überall in Gefahr gewesen war und mit wem er mitten im Kugelhagel gesprochen und verhandelt hat. Auch in seinem neuen Buch stehen diese waghalsigen Recherchen im Vordergrund, aber ihre Authentizität gibt seinen Erzählungen und Kommentaren doch eine schonungslose Offenheit und bestechende Exaktheit über die entsetzlichen Verbrechen, Verwüstungen, Sadismen und Grausamkeiten all der großen Politiker, Strategen und Machthaber unserer eigenen heutigen Welt. Gemeint ist vor allem die Welt des Westens, aber auch einiger aus dem Orient und anderer Länder.[4]

Wie Jeanne D'Arc versucht er einen ganz eigenen Einzelweg zu gehen. Er beschreibt detailliert wie im Syrien-, Gaza- und Jemenkrieg Kinder in Schulen und Krankenhäusern gezielt getötet wurden, wie in den gerade zerbombten Wohnungen noch Kinderspielzeug herumlag, was die israelischen Kriegsmacher als Täuschungsmanöver bezeichneten, um weiter frivol Zivilisten massakrieren zu können. Von Amerika bis Myanmar, von Russland bis Saudi-Arabien und in alle nur denkbaren Regionen hemmungsloser Aggressivität reiste und reist Todenhöfer weiterhin zu den Brennpunkten des Entsetzens. Er spricht mit Opfern und Regierungschefs, mit Agenten und Notleidenden, mit Einheimischen und international bekannten Personen. Auch wenn ich ihn gerade und sicher nicht ganz zu unrecht als Narzissten (auch das ein hypomani-

---

[4] Todenhöfer, J., Die große Heuchelei, wie Politik und Medien unsere Werte verraten, Propyläen (2019)

scher Abwehrmechanismus) bezeichnet habe, so sind seine Unternehmungen dennoch einzigartig, wichtig, mutig und sensationell. Ist er auch so ein Grenzfall wie Jeanne D'Arc?

Wirklich helfen werden Todenhöfers Bemühungen allerdings nicht, sowie Jeanne D'Arcs Versuche die Engländer nicht endgültig aus Frankreich vertrieben haben. Seine gut gemeinten Erklärungen zum Terrorismus und zur Heuchelei der Militärs, zum Desinteresse angesehener Entscheidungsträger und seine schlicht gefassten Erklärungen zur Geschichte und Kultur sind anmutend und voll Mitgefühl, aber genau so wie meine Zeilen hier in diesem Buch wenig relevant für eine wirkliche positive Veränderung in der Welt. Dennoch schreibt man weiter. Was sollte man auch tun? Sich in Positionen wählen zu lassen, in einem Beruf ganz groß herauskommen, selbst so bekannt sein wie Todenhöfer bringt deswegen nicht mehr, weil alle diese Karrieren mit Umständen, Zugeständnissen an Kooperativen und Selbsteinengungen verbunden sind.

So schlagen sie zwar Wellen, lösen aber nicht den Tsunami aus, der nötig wäre, um diese Fürchterlichkeiten, die damals wie heute in der Welt wüten, zu beenden, und so ist auch mein Vergleich dieser zwei Personen von damals und heute nicht sehr weltbewegend. Ich sehe nur die eine Möglichkeit, die wahrscheinlich immer schon die beste war, aber wohl kaum genutzt wurde: nämlich als Einzelner allein, als Einzelner bei sich selbst und seinem Unbewussten, also genau bei dem anzufangen, ‚was es – in jedem von uns und an seinem subjektbezogensten

Punkt – vom EIN gibt' (*qu'il y en ait de l'Un*, wie Lacan es in seinem Seminar XIX sagte).[5] Und dies nur, um von da aus weiterzugehen, ohne also eine soldatische Gefolgschaft aufzubauen wie es Jeanne D'Arc getan hat, PR-Veranstaltungen ins Szene zu setzen, oder Politik oder sonst etwas Manipulatives zu betreiben wie es etliche emanzipierte Leute heutzutage tun.

Ein paar Beispiele, um zu erklären, was diese sonderbare Äußerung Lacans bedeuten soll. Jesus hatte sich gleich zwölf Gefolgsleute genommen, er hat sich nicht zuerst einmal in Nazareth unter einem Johannisbrotbaum oder unter einer Tabor-Eiche gesetzt und damit gewartet, den Anspruch dieses mysteriösen ‚Vaters', der ihn geschickt habe, sofort erfüllen zu müssen. Irgendwann würde schon jemand gekommen sein, der sich ihm zugesellt hätte und den er dann mit ‚wissendem Schweigen' (wie es der Psychoanalytiker macht, wenn er seinem Patienten lauscht) intensiv hätte zuhören können, um ihn so nur nach und nach soweit zu bringen, die großen Wahrheiten zu erkennen. Wäre es nicht besser gewesen so allein als Einzelner anzufangen und nicht gleich mit revoltierenden Reden durch die Gegenden zu ziehen? Noch heute wirft man ihm deswegen vor, nur Sozialrevolutionär gewesen zu sein.[6]

Nun könnte es ja so gewesen sein, dass Jesus bei Johannes dem Täufer, bei den Qumran-Essenern oder anderen

---

[5] Lacan, J., Séminaire XIX, SEUIL (2011) S. 132 und S. 239 – 243 als Comte rendu vom 9. 2. 1973
[6] Augstein, R., Jesus Menschensohn, Hoffman & Campe (1999)

mystischen Gruppierungen eine Phase der Vereinzelung, Isolierung, Askese zu sich als Einzelnem bereits durchgemacht hat, und erst dann nach außen in die Welt gegangen ist. Daher ein anderes, vielleicht besseres Beispiel: war es nicht auch bei Otto Hahn mit der atomaren Kernspaltung so, dass er es nicht gleich in alle Öffentlichkeit hinausposaunen, sondern die große Entdeckung erst einmal nur mit seiner Duzfreundin Lise Meitner als gemeinsames Geheimnis hätte teilen sollen? Erst nach und nach hätte man es in Fachkreisen diskutieren und Wege der Weiterführung finden können. Es wäre Zeit gewesen alle Risiken zu besprechen, die die Kernspaltung sichtbar machte und man hätte zuerst einmal nur zuverlässige Leute in die Sache einweihen können.

Zudem, was die Beziehung zu Lise Meitner angeht: nur das Geheimnis, das zwei Menschen miteinander teilen, macht sie – wie Sartre einmal sagte – zum Paar, und das wäre doch doppelt gut gewesen: physikalische Entdeckung und persönliche Intimität. Nun, das klingt albern, aber wenn man bedenkt, wie übel Lise Meitner vom Nobelpreis ausgeschlossen wurde, wie wenig sie anerkannt wurde, wäre ein wenig Paarbildung doch ganz gut gewesen. Von ihnen beiden als Entdeckern der Kernspaltung ausgehend hätten sie dann behutsam wie unter Eingeweihten weitergehen, und den blöden Nobelpreis um Jahre verschieben können.

Es mag utopisch klingen, aber wäre so vielleicht auch die Atombombe erst einmal allen erspart geblieben? Auch S. Freud gründete viel zu früh die ‚psychoanalytische Gesellschaft' und scharte Anhänger um sich, wo doch gerade seine Methode klassisch dazu angetan war, vom Unbewusstes seiner selbst als Einzelnem jeweils zum Unbewussten einer weiteren Einzelperson voranzugehen, unter denen dann wieder – nicht unbedingt jeder – aber doch wieder nur ein Einzelner mit völliger Neufassung des Konzepts vom Unbewussten hätte wissenschaftlich fortschreiten können. Der Psychoanalytiker und sein Klient oder Patient – egal wie man es nennt – sind doch tatsächlich von vornherein ein intimes Paar, die hunderte von Gesprächsstunden zusammensitzen, und in dieser Zeit ja gar nichts darüber publizieren können, weil die Wahrheit ihres Zusammenseins ja erst am Ende feststeht.

Warum gaben sie anfänglich diese Intimität in Form ständiger fortschreitender Paarbildung nicht weiter? Später musste Freud nämlich erkennen, dass unter all den Schülern, die er selbst analysiert hatte, Richtungskämpfe ausbrachen, die seine Methode gefährdeten und eventuell sogar grundlegend beschädigten. So musste er in seinem Buch ‚Das Unbehagen in der Kultur' schreiben, dass es nicht an der Kultur, sondern mitten in ihr drin – und damit meinte er ganz klar seine bereits ausufernde Mitstreiter- und Nachfolger-Kultur – zu Unbehagen, zu Schwierigkeiten und Missdeutungen kommt. Aber da war es schon zu spät. Die Kultur war bereits zu einem großen Klüngelverein geworden wo man sich absprach, was in der Psychoanalyse gelten sollte und was nicht. Das ist auch heute noch so, wenn Psychoanalyse wie von oben herab in vielen Instituten scholastisch gelehrt wird, ja schon in der Auswahl der Ausbildungskandidaten die

Normopathen, die ‚dull normals', die brav Angepassten bevorzugt werden.[7]

Hätte Jeanne D'Arc nicht besser einen Sendungsauftrag nur erst einmal für sich allein genutzt, eine ‚Seelenburg' in sich aufgebaut wie es die Heilige Theresa von Avila getan hat oder Bücher geschrieben wie Hildegard von Bingen? Was ist der Stachel in all diesen Menschen und warum klären sie seine Stachlichkeit nicht vorher, bevor sie in die Welt hinausgehen? Vielleicht ist die Unterscheidung des zu frühen oder des zu späten Schrittes schwierig. Einzig Lacan, der sich an das Konzept gehalten hat, das ich hier favorisiere, versuchte angehende Psychoanalytiker nicht wie an der Schule oder an den heutigen Universitäten zu examinieren, sondern über den Weg begleitender Personen, sogenannter ‚Passeure', die einer Jury gegenüber mitbestimmend sind, fertige Therapeuten werden zu lassen. Er sagte stets, dass letzten Endes der Psychoanalytiker sich selbst zu einem solchen ernennen muss, er muss auch diese Entscheidung als Einzelner auf sich nehmen und seinen Weg ganz allein gehen.

Noch rechtzeitig vor seinem Tod löste Lacan daher sein psychoanalytisches Institut, seine ‚école freudienne',

---

[7] Cremerius, J., Vom Handwerk des Psychoanalytikers, frommann- holzboog (1990) "Das Zulassungsfilter zur Ausbildung passieren heutzutage in erster Linie `Normopathen' Bird, 1986), konservative, angepasste Zeitgenossen, `dull normals' (Kernberg,1984), die im Wesentlichen die Annehmlichkeiten der ökonomischen und sozialen Privilegien des gehobenen Mittelstandes im Auge haben".

wieder auf. Niemand sollte sich nur ins gemachte Bett legen, sondern selbst als Einzelner mit durchgreifender Erneuerung der Psychoanalyse wieder mit sich selbst neu beginnen, eine Wissenschaft vom Unbewussten aufzubauen. Umso mehr haben sich dann allerdings seine Epigonen auf die schriftlichen Hinterlassenschaften gestürzt, und so passiert wieder das Gleiche: da die hinterlassenen Schriften sehr umfangreich und nicht leicht zu lesen sind, wurden und werden auch heute noch seine Sätze einfach so zitiert ohne aus dem darin Enthaltenen eine umfassende Erneuerung zu kreieren. Statt zu schlechten Epigonen wie es bei Freud der Fall war, wurden sie zu guten Plagiatoren.

Ich müsste hier aufhören zu schreiben und so zu tun, als wüsste ich alles besser und wüsste vor allen etwas von dem, ‚was es vom EIN gibt‘. Ich habe mich lange neben meiner psychoanalytischen Tätigkeit mit meditativen Methoden – aus dem   allgemein psychologischen und mehr noch aus dem indischen und asiatischen Kulturkreis – beschäftigt, sie selbst erlernt und täglich praktiziert und schließlich ein Verfahren entwickelt, das ich *Analytische Psychokatharsis* nenne. Zahlreiche Bücher habe ich geschrieben, aber die meisten Leser setzen die Methode nicht um.[8] Nur darauf käme es mir an, doch wenn es gut ist, wird es sich von selbst durchsetzen. Ich fange jetzt erst an als Einzelner bei mir selbst an zu dem zu kommen, ‚was es vom EIN gibt‘?

---

[8] Es hat vielleicht etwas mit dem in der Psychoanalyse bekannten Widerstand zu tun, man interessiert sich zwar für das eigene Unbewusste, aber es ganz aufdecken will man nicht.

Ich orientiere mich ein bisschen an dem Philosophen Michel Serres, der erst vor kurzem verstorben ist, und dem es so ähnlich erging. Er war ein Vermittler zwischen Geistes- und Naturwissenschaften, geißelte das schmarotzerhafte Ausbeuten der Natur durch den Menschen und hat ebenfalls lange gebraucht, bis er zum „Quereinsteiger und Querläufer in der Gegenwartsphilosophie" wurde.[9] „Er glaubte nicht, dass Debatten das Denken voranbrächten, . . . Das Zeitalter der Kritik und des Kommentars hielt er für beendet. Das Bedeutsame sah er fortan auch für die Philosophie eher auf Seiten des *einsamen Forschens* und quasi wissenschaftlichen Bereitstellens von neuen adäquaten Begriffen". Exakt in diesem Sinne des Vereinzelten, des einsamen Forschers, versuche ich auch bei mir selbst zu bleiben und fortzuschreiten, wenn auch noch nicht mit vollem Erfolg. Doch der Fortschritt ist wichtiger als der Erfolg. Hat alles gar keinen Sinn oder sind beide wichtig?

Dafür wäre der Philosoph J. Habermas ein Beispiel, der sich neben dem theoretischen Studium für eine fortschrittliche Kommunikationsgesellschaft einsetzte und früh auch am praktischen Erfolg der Studentenbewegungen teilnahm. Erst später wird „die Verständigung, das ist das Leitmotiv, in der Sprache selbst angelegt. Habermas glaubt an ‚den objektiven Geist des intersubjektiven Verkehrs zwischen von Haus aus vergesellschafteten Subjek-

---

[9] Haniman, J., Gute Laune als Denkprinzip, SZ vom 3. 6. 2019, S. 9

ten',"[10] ja auch an eine ‚von innen her wirksame Transzendenz'. Ist er jetzt doch zu abstrakt geworden? Noch 2019 soll ein Buch vom ihm mit über 1700 Seiten erscheinen, werden das nicht nur die Eingeweihten lesen? Hätte er doch noch mehr pragmatisch bleiben sollen, eine Haltung, die er ja der akademisch gebliebenen ‚Kritischen Theorie' der Frankfurter Schule entgegensetzte?

Der Psychoanalyse stand Habermas zwar positiv gegenüber, nannte sie aber eine „therapeutische Kritik", was ein bisschen ernüchternd, versachlicht und kühl klingt. Er warf auch Lacan vor, das ‚Licht der Aufklärung absichtlich zu verdunkeln', was zeigt, dass er die Psychoanalyse und speziell Lacan überhaupt nicht verstanden hat, denn Aufklärung, rationales Denken, ist allein nicht die Sache des Therapeuten. Im Gegenteil: zu viel Rationalität gilt in der Psychoanalyse als Abwehrmechanismus, zurecht also muss man die überhellen, überbordenden rationalen Gedanken etwas verdunkeln. Ist Habermas nicht doch der Gelehrte im Elfenbeinturm, von dem ihn natürlich heute niemand mehr herunterholen wird? Er wird einer der größten Universaldenker bleiben. Man kann sich hervorragende Statements von ihm holen, aber wenn man nicht nur ans ‚vergesellschaftete', sondern ans tatsächliche Subjekt heranwill, muss man – wie es auch von Serres hieß – ‚durch Selbstreflexion', Selbstsublimation, also ganz von innen her, bei dem anfangen, ‚was es vom EIN

---

[10] Schloemann, J., Das Bessere versuchen, SZ vom 18. 6. 2019, S. 11. (Meine Deutung: Die menschlichen Subjekte sind schon eingemeindet und tauschen sich untereinander so aus, dass ‚objektiver Geist' entsteht).

gibt'. Aufklärung, rationales Denken, hilft hier alleine nicht.

Ich bin gegenüber Habermas, diesem geistigen Goliath, zwar nur ein kleiner psychotherapeutischer David, versuche aber doch einen Weg zu zeigen, wie man – ich sage es erst einmal ziemlich blöde – vom Ur-Subjekt als dem Ur-EIN zu sich selbst kommen kann. Es ist klar, dass einfach mit 1,2,3,4,5 usw. zu zählen anzufangen, nicht die letzte Weisheit der Mathematik sein kann, obwohl sie für alle Arten eine Eins, Einheit, Ganzheit, Totalität, kurz: das EIN, altgriechisch ἕν (hen) zu definieren Vorbild ist. Platon hat im Parmenides langatmige Diskussionen darüber gehalten, überlies aber letztlich dem Leser zu erkennen, was das EIN eigentlich sein soll. Und das war gar nicht so schlecht, denn darauf will ich ja hinaus, dass es jeder in sich selbst finden muss (,von innen her wirksame Transzendenz') und so am besten nicht Gefolgsmann, Schüler, Epigone von irgendjemand werden muss. Durch die übliche Sprache – und schon gar durch eine akademisch, abstrakte Wissenschaftssprache – wird es niemals möglich sein, einem anderen etwas zu übermitteln. Jeder muss selbst durch das hindurch, ,was es vom EIN gibt'.

Ich bin zu diesen Gedanken und dem oben genannten Verfahren gekommen, als mich eines Morgens ohne sichtbar äußeren Anlass ein Prickeln, Durchschauern, ,Durchrieseln' überfiel, wie man es sonst oft bei einem bewegenden Musikstück erfährt, wenn es einen durch und durch erfasst und einem den Rücken herunterläuft. Es geht um das, was man modernerweise auch eine Chill-

Out-Erfahrung nennt. ein kribbelndes Relax-Erlebnis, eine im Wellnessbereich eines Luxushotels teuer erkaufte Entspannung. So soll übrigens auch der Anfang der 3. Symphonie von Brahms mit dem sich weiter und weiter öffnenden Bläserakkord solch ein ‚Durchrieseln', oder eine derartige Chill-Out-Erfahrung auslösen,[11] die sich als nicht von denen anderer Ursachen unterscheidet. Doch in meinem Fall war kein äußerer Anlass sichtbar. Ich hatte mich noch nicht einmal zur Meditation hingesetzt, aber vielleicht hat die Intention schon genügt.

Allgemein und auch nüchterner betrachtet versteht man unter dieser leichten Empfindung eines kribbelnden oder ‚durchrieselnden' Schauers eine atavistische Reaktion, die mit tiefer Emotionalität zu tun hat und wohl bei den Frühmenschen eine wesentliche kommunikative Reaktion war. Diese Menschen waren noch hochsensibel für Umwelt- und Sprachgeräusche, die noch einem Raunen, Singen und Schnurren ähnlich gewesen sein sollen. Außer mit ein paar Vokalen ebenso wenigen Plosiven und Klosanten beherrschten die ersten Menschen nämlich keine differenzierte Artikulation. Aber sie hörten ‚Stimmen', denn wie ich noch von dem Paläoanthropologen Czarnitzki schreiben werde, konnten sie Tanne oder Kiefer „am Rauschen des Windes in den Nadeln", naturkundliche ‚Stimmen' also, unterscheidend heraushören.

Sie kommunizierten noch mit dem ‚inner touch', einer Art könästhetischem ‚inneren Sinn', indem sie ihre Na-

---

[11] Gespräch mit dem Arzt und Musikwissenschaftler E. Altenmüller in FORSCHUNG 2 (2012), S. 14-16

turverbundenheit auf die zwischenmenschliche Verbundenheit übertrugen.[12] Der hier zitierte Autor meint damit ein Spüren von innen heraus, eine Art von ‚Durchstrahltwerden' vom eigenen Körperbild, vom unbewussten Bild-Wirklichen, ‚Spür-Wirklichen', Inneren heraus. Dabei gehe ich allerdings spekulativ vor, wenn ich es als Kommunikation von einem eigenen ‚Es Spürt, Fühlt, Strahlt' zu einem ‚Es Spürt, Fühlt, Strahlt' beim anderen beschreibe und mich dabei nur auf Paläoanthropologen wie z. B. Appleton stütze, der hier intuitiv vorgeht. Er sagt, dass man von diesen Frühmenschen nur etwas erfahren kann, wenn man sie liebt. Aus Knochenresten kommt einfach nicht genügend Beweismaterial zustande, aber vielleicht kann man Liebe mit Paläoanthropologie in einer der Liebe unterstellten Wissenschaft verbinden.[13]

Ich muss vorerst zu solchen Vergleichen greifen, um verständlich zu machen, wie dieses ‚Durchrieseln' bei mir ankam. Bei dieser gerade mitgeteilten Erfahrung war ich ohne jeden Gedanken an irgendwelche Methodik, war noch gar nicht ganz aufgestanden und daher umso erstaunter über das morgendliche Geschehen. Es erinnerte mich allerdings an Goethes Ausspruch im Faust, wo es hinunter ins Reich der Mütter gehen sollte und Faust ein gewisses Zittern überfällt: „Das Schaudern ist der Menschheit bestes Teil". Und weiter: „wie auch die Welt

---

[12] Heller-Roazen, D., The Inner Touch, Der innere Sinn, Archäologie eines Gefühls, fischer wissenschaft (2012).
[13] Appleton, T., Warum verschwanden die Neandertaler? Heyne (1999). Der Autor versucht hier die Liebe als Erkenntniskategorie zu beschreiben und zu nutzen.

ihm das Gefühl verteure, ergriffen, fühlt er tief das Unge-
heure". So mythisch verhielt es sich bei mir nicht, ich
würde es eher als den ersten Teil einer Selbstsublimierung verstehen, das Bild-Wirkliche des eigenen Selbst,
während das Wort-Wirkliche der zweite Teil wäre, zu
dem ich später Stellung nehmen will.

Vielleicht war auch das Zittern der bekannten Schriftstellerin Siri Hustvedt, das sie in ihrem Roman ‚Die zitternde
Frau, eine Geschichte meiner Nerven‘, ausführlich be-
schrieb,[14] ein derartiger Atavismus, der nicht nur mit dem
Reich der Mütter etwas zu tun hat, sondern mit dem tiefs-
ten Unbewussten, das zu einer Zeit entstand, als der
Mensch erstmals ein Unbewusstes entwickelte und damit
erst wirklich Mensch wurde. Die Vormenschen, die Pri-
maten, die Australopitheci, kannten noch nicht das/den
groß zu schreibenden *Anderen*, L'Autre, wie Lacan es/ihn
nennt, dessen symbolische Ordnung sich im Menschen
aufgerichtet hat und wohl gut mit diesem Schaudern vor
dem Ungeheuren korreliert.

Mit Sicherheit ist Siri Hustvedt eine moderne Jeanne
D'Arc, die der Männerwelt zeigt, welche Waffen sie hat.
Es sind nicht die Waffen einer Frau, wie man dümmli-
cherweise immer sagt und dabei ihre erotische Ausstrahlung meint. Es sind die Waffen der männlich dominierten
Neurowissenschaften und Psychiatrie, die Waffen ihrer
literarischen Kenntnisse, ihrer Bücher und Vorträge. Dazu muss sie keine Männerkleidung anziehen, aber den

---

[14] Hustvedt, S., Die zitternde Frau. Eine Geschichte meiner
Nerven. Rowohlt (2011)

Jargon der männlichen Wissenschaftssprache muss sie sich überstülpen. Wie ich noch zeigen will, wäre dies nicht absolut notwendig. Im Folgenden werde ich dazu mehrmals Stellung nehmen und auch erklären, was es mit diesem – oben erwähnten – *Anderen* auf sich hat, wie und warum ich das später *Analytische Psychokatharsis* genannte Verfahren aus diesem Erleben, weiteren Ausbildungen, wissenschaftlichen Lektüren und essayistischer Literatur entwickelt habe und was das alles mit dem Rätselhaften zu tun hat, ‚was es vom EIN gibt'.

2. EIN, Mann und Frau

Siri Hustvedt ist bekannt für ihre phantasievollen Romane, die oft mit Hinweisen auf Neurowissenschaft, Psychiatrie, Philosophie und Psychologie reichlich untermauert sind. In ihren Büchern kommt sie meist auch selber vor und viele Gestalten aus ihrer Herkunftsfamilie spielen wichtige Rollen. In dem Buch ‚Die Leiden eines Amerikaners' ist ihr alter ego nicht nur Eric, ein Psychiater, mittels dessen Menschlichkeit und Fachwissen sie alle ihre Kenntnisse anwenden und den vielen gestörten Menschen, für die sich stets interessiert, Raum geben kann. Viel Neurotisches, Seltsames und Geheimnisvolles passiert in diesem Buch. Auch in anderen Figuren spiegelt Siri Hustvedt sich und ihren Vater, dessen Originaltagebuch sie als wichtigen und interessanten Nachlass von Erics Vater verwendet.

Anders, aber auf dem gleichen vielschichtigen Niveau, verfährt sie in ihrem allerneuesten Buch ‚Wenn Gefühle auf Worte treffen'. Auch hier spart sie nicht mit ihrer ungeheuren Belesenheit und ihrem Wissenschaftsanspruch, wobei sie oft vom Hundertsten ins Tausendste kommt.[15] Sie wird von der ihr ganz seelenverwandten Elisabeth Bronfen interviewt, die genau die guten Fragen stellt, auf die Siri Hustvedt das Universum ihre schon sehr weit reichende Gedankenvielfalt zum Ausdruck bringen kann. Ganz entscheidend geht es in diesen poly-

---

[15] Hustvedt, S., Wenn Gefühle auf Worte treffen, Kampa (2019)

szientistischen und autobiographischen Aussagen – wie überhaupt in allen ihren Romanen – um die Beziehung zwischen Mann und Frau, wo sie eine vorwiegend feministische Haltung einnimmt und viel um die Beziehungen ihrer Figuren aus neuropsychologischer Hinsicht diskutiert.

So sagte in einem anderen Interview: „Für eine Frau ist es sehr wichtig, Männlichkeit in sich wie in anderen zu entdecken. Für den Mann gilt das spiegelbildlich auch. Wir müssen alle Aspekte in uns integrieren, um vollständige Wesen zu sein".[16] Das klingt einfach, wenn auch gleichzeitig ein bisschen pauschal. Denn wenn man alle weiblichen und männlichen Aspekte in sich vereint, ist man dann – wie sie woanders einmal sagt – androgyn (oder in moderner Ausdrucksweise: postgender)? Klingt das nicht zu wenig differenziert, zu en bloc, zu verallgemeinernd? Freilich hat Siri Hustvedt noch detailliertere Angaben zum Thema Mann/Frau gemacht; ich werde auf die vielen literarischen und fachlichen Schilderungen und Theorien noch zurückkommen.

Demgegenüber kommen Lacans Aussagen hinsichtlich des gleichen Problems, nämlich der Beziehungen von Frau und Mann als recht kompliziert, als zu schwierig und zu vertrackt, zum Interessenten und Leser herüber, obwohl er hundert Mal in seinem Werk darauf hinweist, dass das Geschlechtsverhältnis Mann/Frau gar nicht exis-

---

[16] Mayer, S., Siri Hustvedt, „Warum lieben sich Menschen? Ich habe keine Ahnung", ZEIT online vom 17. 3. 2011

tiert. Es ist nicht wirklich logisch, klar differenziert, definitiv, klar symbolisch fest zu legen und daher existenziell nicht fassbar. Es geschieht, es treibt um und man kann auch davon reden, doch sagt man damit nichts, verifiziert nichts und etabliert keine fundierte saga, kein wesentliches Werk menschlicher Kultur oder Wissenschaft. Das Geschlechtsverhältnis bleibt so ein unvollendetes Stück Theatralik.

Nun sei Lacan nicht zu verstehen ist das Resümee vieler Leser seiner Seminare, und oft sind auch Psychoanalytiker dabei, die dies sagen. Die Sprache, die bei Lacan eine so zentrale Rolle einnimmt, so argumentieren sie, sei nicht das Unbewusste. Das sei nur ein Aspekt. Aber Lacan hat ja auch etwas ganz anderes behauptet. Er sagte, das Unbewusste sei strukturiert, sei aufgebaut w i e eine Sprache, wie die Sprache des von mir schon zitierten *Anderen, L'Autre,* den/das man also seiner Bedeutung wegen groß schreiben muss. Denn ‚*L'Autre* stellt die Verinnerlichung all der bedeutenden Anderen dar (Eltern, Erzieher, Lehrer, Vorgesetzte, Psychoanalytiker etc.), und zwar nicht nur in Form eines Pflicht- oder Überichs, sondern auch in Form vielschichtiger innerseelischer ‚Objekte', psychischer Ichidealisierungen und Instanzen bis hin zu jenem *Anderen,* der/das stets nur das ist: anders, aber auch sprechend, die klarsten und persönlichsten Aussagen machend, was einer Einheit des Seelischen Schwierigkeiten bereitet, aber auch ermöglicht.[17]

---

[17] Lacan gibt dem *Anderen* viele Namen: Zeuge der Wahrheit, Platz unbewussten Begehrens, Ort des Seinsmangels, der Analytiker als tödlich Schweigender, Hauptplatz des Symboli-

Gerade diese Einheit ist auf dem Feld Mann/Frau, männlich/weiblich nämlich besonders schwer auszumachen. Siri Hustvedt bearbeitet es in ihren Büchern trotzdem mit obsessionellem Ehrgeiz, es ist fast ihr ausschließliches Thema, Genre und Ziel, und zweifellos belegt sie auf diese Weise ebenfalls so etwas wie die Unmöglichkeit des Geschlechtsverhältnisses. Meist stehen in ihren Romanen grobe, ungebildete und sexistische Männer den künstlerischen und manchmal auch leicht versponnenen Frauen gegenüber, was jede ‚Zwischenheit' – wie sie es nennt – zerstört bzw. geradezu brutal vernichtet. Denn auch sie weiß, dass das Geschlechtsverhältnis literarisch, aber auch wissenschaftlich nicht so leicht zu eruieren ist, und versucht es so mit eigens erstellten oder hermeneutischen Begriffen.

Lacan dagegen spielt gerne auf die Psychoanalyse als ‚logischer Praxis', auf Mathematik und Topologie als Gipfel der Weisheit an und drückt sich oft so umwunden aus, dass es dem Ganzen oft den Charakter des recht Komplizierten gibt. Zu Mann und Frau z. B. sagt er jedoch ganz einfache Dinge. Die Frau, meint er hinsichtlich der Beziehung zum Mann beispielsweise, ist nicht nur sein ‚alter ego', sondern auch mehr Spielmacherin der Beziehung und mehr Potenzsymbol als er selbst. Sie i s t Φ (griechisch Phi), ‚phallisches Symbol', erotische Metapher, Heraldik der Lust, Primat des Geschlechtsverhältnisses, während er nur Φ h a t, unverhältnismäßig stark

---

schen, Feld, wo das Subjekt seine Botschaft in umgekehrter Form erhält, Möglichkeit der ‚jouissance' usw.

und vielleicht besser kleingeschrieben, was wohl eine Anspielung auf den kleinen Unterschied ist, der so gesehen ja nun wirklich besteht, wenn auch gerade im Phallischen beide Geschlechter gleich partizipieren.

„Die Frau ist das Symptom des Mannes", schreibt Lacan weiterhin, „denn sie ist die Stunde der Wahrheit für ihn".[18] Für den Psychoanalytiker steckt nämlich im Symptom psychischer Krankheiten eine versteckte, aber doch sehr zutreffende Wahrheit. Diese ist oft so weit und so tief verdrängt, dass man sie gar nicht mehr entdecken kann. Bezüglich der Wahrheit selbst im generellen Sinne geht es also – wie so oft – vorwiegend um die Beziehung zwischen Mann und Frau, und die Männer sind dabei die besseren Verdränger und Unterdrücker. So sei es für den Mann – wie Lacan weiter bemerkt – leichter auf der Ebene der Rivalität mit einem Feind konfrontiert als mit der Frau konfrontiert zu sein, was gut dazu passt, dass er in der Beziehung zu ihr eben mehr an Verständnis und Wissen unterschlägt. Der Mann meint, dass ein männliches Rededuell, eine vom Männlichen dominierte Diskussion, ein kämpferischer Mann-zu-Mann-Austausch, interessanter – wenn auch schmerzhafter – ist, als ein Dialog mit einer Frau, die die Dinge gefühlvoll wahrnimmt, vielschichtig diskutiert, von der er aber glaubt, dass man mit ihr nicht streiten kann und daher nicht fortschreitet.

Insofern die Frau die Stütze dieser Wahrheit ist, gilt auch, so Lacan, „dass es im Verhältnis des Mannes zur Frau nur Schein gibt. . . . aber wenn es darum geht, etwas zu

---

[18] Lacan, J., Seminaire XVIII, Seuil (2006) S. 34-35

verstehen, nämlich dass man, wenn man die Wahrheit eines Mannes haben will, man gut daran tun würde, zu wissen, wer seine Frau ist, ich meine hier seine Ehefrau, und warum nicht? Das ist der einzige Ort, wo das einen Sinn hat, was jemand aus meiner Umgebung einmal die ‚Personenwaage‘ genannt hat. Um eine Person zu gewichten, gibt es nichts Besseres, als seine Frau zu ‚wiegen‘ – wenn es um den Mann geht“.[1] Menetekel – ‚gewogen und zu leicht befunden‘? Gewogen und gefunden, wer er ist?

Na ja, da bleibt noch vieles unklar. Besser ist vielleicht, wenn ich auf Lacans Seminar XIX (Comte rendu vom 9. 2. 1973) verweise, wo er diesen seltsamen Ausspruch über das gemacht hat, „was es vom EIN gibt“ (auch verkürzt *Yad'lun* geschrieben), selbst wenn er damit noch weniger zu verstehen war.[19] Lacan beharrt darauf, dass man, um mit dem Zählen zu beginnen, nicht mit der Eins (altgriechisch μόνος, monos) beginnen kann, eher noch mit EIN (ἕν, hen, diesem umfassenderen Einsbegriff). Letztlich muss man aber – wie ja auch die heutige Mengenlehre gezeigt hat – mit der Vielheit anfangen, also mindestens mit der Drei, um so erst in Rückschritten auf das zu kommen, ‚was es vom EIN gibt‘. *L'Un*, EIN, wird substantiviert, und dadurch kann vermieden werden, dass man einfach sagt: „Es gibt EIN“. Denn das „Es gibt“ würde dem EIN eine Ontologie, ein unmittelbares Sein, eine feste Existenz zuweisen.

---

[19] Zusammengezogenes Y a de l'un, es gibt davon einen, eins.

Doch gerade das soll vermieden werden. EIN muss jeder Einzelne für sich, in sich und durch sich (also subjektbezogen) begründen. Liegt es vielleicht daran, dass Siri Hustvedt keine endgültige Lösung für die Frau/Mann-Beziehung, für das Geschlechtsverhältnis, findet, weil sie bei der Zwei verharrt? Bei Mann und Frau, bei normal und neurotisch, bei gebildet und ungebildet, alles Dichotomien, die sie verwendet. Siri Hustvedt ist äußerst belesen, informiert, gebildet, aber manchmal verwendet sie das auch als Waffe. Nein, sie zitiert ja reichlich Wissenschaftler, Neurologen, Psychiater, Philosophen in Zusammenhängen, die noch nicht bekannt sind, und hier ist sie also auch wirklich Forscherin, Entdeckerin, Enthüllungsplattform, wo die reine Mathematik keine solch große Rolle spielt. Aber vielleicht würde ihr diese doch helfen?

Trotzdem, warum die Drei? Anlässlich eines Besuches im Londoner Zoo, wo der Löwe von drei Löwinnen umringt war, ging es Lacan zwar wieder um Mathematik, aber es handelte sich um eine Mathematik des Eros, also um das, worum auch Siri Hustvedts Schreiben kreist. Doch dieser umringte, umschwärmte, von Amor umgarnte Löwe – so Lacans Kommentar – könne gar nicht bis drei zählen, worauf empörte Zuhörer protestierten. Der Löwe würde genau wissen, dass er drei Liebhaberinnen habe. Doch im rein arithmetischen Sinn hatte Lacan recht. Der Löwe zählt nicht, er summiert nicht, er hat keine ,Beziehnis' zur Drei, zu Dreiheit. Für ihn sind drei einfach mehrere, viele, mehrere der gleichen Art und anscheinend genügend. Etwas anderes braucht es nicht. Der Löwe hat keinen Sexualstolz, er weiß nichts von den

Freudschen „phallischen Phase", wo man mit einer Zahl reüssieren muss.

Aber selbst wenn man mit der Menge oder eben mit der Drei anfängt, warum ist sie dann nicht die, die aus dreimal Eins besteht, warum spricht Lacan nicht von der Eins oder vom Einen, vom Unteilbaren und multipliziert es, sondern redet in seltsamer Weise davon, „was es vom EIN gibt". „Es gibt EIN", könne man also nicht sagen, wie ich erwähnte, denn damit lege man sich fest. Die Sache hat mit dem zu tun, was Lacan die Einswissenschaft nennt, wo es also um den umfassenderen Begriff geht, und was er diesbezüglich von Platons Parmenides gelesen hat. „L'UN", EIN, ‚ex-sistiert' äußerstenfalls, d. h. es ‚sistiert' (beharrt) von ‚ex' (von außen her). Ontisch geben tut es EIN eben nicht (wenn ich das so noch blöder sagen darf, als es Lacan vorgibt.).

Es klingt zwar so ein bisschen nach dem Transzendenten, aber Lacan will Philosophie vermeiden, er will Es, das Freudsche Es, das Subjekt, sich selbst sagen lassen. Ex-Sistieren ist also etwas anderes als existieren. Bei Lacan kommt diese Feststellung vor allem daher, dass es wie betont kein Geschlechtsverhältnis gibt, sich also von der Relation, der Beziehung der Geschlechter Mann und Frau, nichts aussagen, verifizieren, definieren oder – wie er in diesem compte rendu auch sagt – quantifizieren lässt. Man bekommt EIN, das Gemeinsame oder Übergeordnete oder das XY der Geschlechter nicht zu fassen, auch und speziell gerade dann nicht, wenn sie sich ver-EINen wollen. Vereinfacht gesagt, die Geschlechter taumeln umeinander herum und finden EIN eben nicht, und so bleibt es bei dem schon vorhin genannten Schein, in dem Mann und Frau spezielle Wege gehen.

Das ist nun wirklich nichts ganz Neues. Lediglich die Betonung darauf, dass das sexuelle Verhältnis gar keine richtige Existenz hat, weil es immer daneben geht, weil der Mann immer zu früh kommt und im entscheidenden Augenblick nicht mehr weiter weiß, ist wohl noch nicht

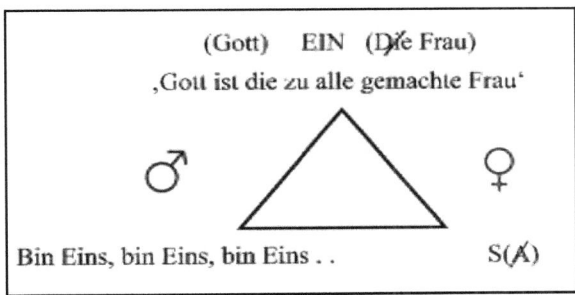

so definitiv geäußert worden. All das heißt nicht, dass es Sex nicht gibt, es gibt Begegnungen, Geschehnisse, all das, was ständig in den modernen Romanen steht, aber logisch Aussagbares, konkret Unumstößliches, gibt es nicht. In der obigen Dreiecks-Abbildung ist all dies zu sehen. Ganz oben steht EIN, das ich links mit (Gott) und rechts davon mit (Die Frau) beschrieben habe. Darunter der Satz Lacans: „Gott ist die zur alle gemachte Frau". Die Sache wird klarer, wenn man die beiden unteren Ecken des Dreiecks betrachtet.

Links unten der Mann, der das Sprechen durch „betontes Wiederholen" von Lauten ins Leben gerufen hat, jedoch in dem Sinne, nur von sich zu sprechen.[20] ‚Bin Eins, bin Herr, bin Eins, bin Herr . . so wie es auch Robinson Crusoe getan hat, als er auf seiner einsamen Insel den Indianer fand und bekanntlich zu ihm sagte: „Ich Herr, du Freitag". Schließlich musste er ja irgendetwas sagen, und dann eben gleich so etwas, was die Verhältnisse klärt. Diese Imperativsprache ist wohl eine männliche Erfindung. Dazu hat auch der Philosoph G. F. Hegel mit seiner Dialektik über Herr und Knecht einen Beitrag verfasst, der darauf hinauslief, dass der Herr zuerst einmal auf gewisse Lüste verzichtet hat, selbst wenn er sich damit dem Tod durch Lustlosigkeit auslieferte. Der Knecht dagegen will auf nichts verzichten, aber er muss dafür natürlich auf den endgültigen Tod des Herrn warten, um so zu dessen Besitztümern zu gelangen. „Ich bins, bin Eins", wie es schon im ersten Satz des Johannisevangelium steht, kennzeichnet diesen Angang.

Es ist klar, dass der Mann mit dieser sturen Wiederholung der Eins und der Betonung seines Herrseins, mit dem unendlichen Abzählen der Zahl, nie die Größe und Höhe dessen, „was es vom EIN gibt" erreicht. Er zählt sich nur selbst zum Tode. Doch auf Seiten der Frau ist es auch nicht viel besser. In Lacanscher Formulierung strebt sie an, der Signifikant des quergestrichenen *Anderen* zu sein, A, des großen, hohen, wirklichen *Anderen*, den es aber – wie oben gesagt und in psychoanalytischer Sprache weiter ausgedrückt – nur kastriert (daher quergestri-

---

[20] Damit wird gesagt, dass nicht Namen für Dinge, sondern Identitätsrufe, betonte Wiederholungen, die ersten Worte waren.

chen geschrieben), blockiert, gehemmt, gibt. Denn sonst wäre er ja der/das, was man als Gott bezeichnet hat, als den All-Einen, der über allem thront, kurz das, was man bisher immer mehr oder weniger mythisch erzählt hat: der theologische Mythos also dessen, „was es vom EIN gibt", der Monotheismus als simples Statement.

Immerhin steht die Frau, die ja schon bei Thomas von Aquin das „Abbild Gottes" war (während der Mann sein Sprachrohr darstellte), dem Platz ganz oben rechts nahe. Nur ist sie eben nicht d i e Frau, die, die alle Frauen repräsentiert (weshalb das D*i*e quergestrichen ist), sondern eine Frau, die eine. Darum geht es nämlich überhaupt in der Problematik des Ödipuskomplexes und auch der des Ur-Alpha-Mannes in der Frühzeit der Menschheit (insofern dies alles mit der Beziehung Mann / Frau in der Psychoanalyse zu tun hat, wo die Maßeinheit des Genießens zuerst einmal männlich ist).

Der Ur-Alpha-Mann ist laut Freud nämlich der, der es genießt alle Frauen zu besitzen (d. h. wohl glaubt, sie zu besitzen, doch das ist hier nicht so wichtig), und die Söhne, die Jungmänner, bringen ihn deswegen eines Tages um, wobei sie aus Schuldgefühlen und Reue ihn später zu einem Gott erhöhten.[21] Nicht die Frauen, sondern der Vater/Sohn-Konflikt stiftet hier die Maßeinheit, mit der – unbewusst – gezählt wird. Es handelt sich um den gleichen seelischen Mechanismus wie beim Mythos von Ödipus, der den Vater umbringt, um schließlich d i e zu erobern, die alle Frauen repräsentiert, Iokaste nämlich

---

[21] Freud, S., Totem und Tabu, GW Band IX, Fischer (1960)

(sie ist Mutter, Geliebte, Milliardärin, femme fatal, Fee, und dazu sogar noch Königin, kurz alles, was diesbezüglich denkbar ist).

Nur gibt es sie nicht so unmittelbar, d. h. auch sie ‚sistiert ex‘, außerhalb, was Ödipus letztendlich einsehen muss und sich zum Schluss, sich selbst blendend, ins Schattenreich (auf Kolonos) verbannt. Fazit von all dem: wenn Gott der wäre, den man ihm unterstellt, wäre er – psychoanalytisch gesprochen (und um das geht es ja hier) – diese virtuelle Figur der alle Frauen repräsentierenden Frau. Er wäre die nach männlichen Maßeinheiten „zur alle gemachte Frau", also der, der sie alle in sich auszudrücken verstünde. Doch da das nicht funktioniert, ist es besser bei dem zu bleiben, „was es vom EIN gibt", eine neue Mathematik eben, in der niemand mehr sich durchs Wiederholen der simplen Eins aufmandeln kann, noch den Traum vom vollständigen *Anderen* träumt, der Gott wäre. Vorerst bleibt alles bei der männlichen Maßeinheit, da die weibliche schwerer zu bestimmen ist.

Und wie erlernt man die neue Mathematik, die Mann und Frau gerecht würde? So schnell also nicht, denn die männlichen Maßeinheiten sind vom Eros her mitbestimmte Spracheinheiten, Phoneme, Signifikanten, Wort-Wirklichkeiten, eben diese betonten Wiederholungen, mit denen früher der Stärkere auftrumpfen konnte, ja sich nicht nur mit Geschrei, sondern auch mit konstanten Lautfolgen durchsetzen konnte. Er konnte die allerersten Identitätslaute von sich geben, die allerersten Losungsworte.[22] Die Frauen kamen erst später zum Zug, und das hängt ihnen bis heute nach. Ich beziehe mich hier auf sprachwissenschaftliche und psychoanalytische Vorgaben, die ich im Moment nicht weiter erörtern muss und will, denn damit ist ja wie im obigen Dreieck dargestellt noch keine einseitige und endgültige Wertung verbunden.

All das wird bei Lacan weiter theoretisch erörtert, aber was die Praxis angeht verbleibt er bei der klassischen Psychoanalyse (wenn auch mit kleinen Abänderungen). Er sagt z. B. in Erweiterung des oben Beschriebenen, dass eine Eins eine Null für eine andere Eins repräsentiert. Der Psychoanalytiker als erste Eins repräsentiert für den Klienten, Patienten, ‚Analysanden' insofern eine Null, weil dieser von ihm noch nichts weiß. Aber umgekehrt ist es genauso. Die Eins, die der Klient darstellt, ist auch noch eine Null für den Analytiker, denn es gibt keine von vornherein feststehende Tatsache, keine Vereinbarung, nicht Festgelegtes, auf das sich die beiden beziehen könnten, außer der Sprache mit der sie irgendwie loslegen müssen. Wenn sie gut loslegen, sich gut öffnen, gut einfühlen, gut ‚enthüllen', aufdecken etc. werden sie dem nahekommen, „was es vom EIN gibt". Der Null-Eins-Abstand wird präziser werden und vor allem wird er klare Umrisse, klare Größe, kurz: klar quantifiziert werden.

So ist doch alles ganz einfach, durchschaubar, verstehbar. Warum machen die Menschen sich bezüglich ihrer Be-

---

[22] Auch im Vogelgezwitscher gibt es konstante Lautfolgen, aber sie sind nicht vom Handlungsbezug ablösbar, ein Unterschied, den ich später nochmals erklärend aufnehmen will.

ziehungen so viele Probleme? Ich lese gerade wieder ein anderes Buch von Siri Hustvedt, dieser amerikanischen Top-Intellektuellen: ‚Die gleissende Welt'. Darin beschreibt sie die Geschichte einer Künstlerin und deren Beziehungen zu Männern, zur Kunstwelt und zur Frage der Geschlechtsidentitäten gewürzt mit all den Intrigen, Lieben und Phantasmen der New-Yorker Gesellschaft. Fazit: auch die Kunstwelt ist männlich dominiert. Siri Hustvedts ‚Zittern', dass sie bei einem Vortrag über ihren verstorbenen Vater befiel und nie mehr ganz verließ, versuchte sie mit neurowissenschaftlichen Erklärungen zu begründen, aber auch durchaus von psychologischer oder psychoanalytischer Seite her zu akzeptieren. Sie ging auch in analytische Psychotherapie, wo sie sicher erfahren hat, dass nicht der Mann, sondern der Vater dominiert (allerdings ist damit am wenigsten der leibliche Vater gemeint, sondern der Vater als solcher, der symbolische Vater, und in der Psychoanalyse ist dies meistens Vater Freud).

Nun es wäre möglicherweise besser gewesen, in eine Lacansche Analyse zu gehen, wenn man bedenkt, dass das Zittern ausgerechnet bei einem öffentlichen Sprechen nach dem Tod des Vaters aufgetreten war, indem bei Lacan das Vatersymbol für den Namen als solchem, dem eigentlichen ‚Eigennamen' steht, der nicht Name für eine Identität, sondern etwas der Tautologie Nahestehendes ist, was am besten in so einem Spruch wie ‚Krieg ist Krieg' herauskommt. ‚Krieg ist Krieg' hebt ja weniger den Sachverhalt, sondern die Betonung des grausam Kriegerischen hervor, es hat also eine besondere metaphorische Wirkung. Ein derartiges Namenselement spielt auch in der *Analytischen Psychokatharsis* eine entscheidende Rolle.[23] Doch vielleicht fürchtete sich Siri Hustvedt nicht ganz zu Unrecht, dass eine negative Gegenübertragung auch in einer Lacanschen psychoanalytischen Sitzung ihr zu viel Angst gemacht hätte. Bei hochsensiblen Menschen kann eine psychoanalytische Therapie auch problematisch sein.

Schon die physische Nähe des Therapeuten, der direkt hinter einem sitzt, während man auf der Couch liegt, kann unerträglich wirken. Doch es nützt auch nichts, sich über jede Menge neurowissenschaftlicher und psychologischer Natur Rat zu holen und auf dem universitären Weg eine Veränderung zu erwarten. Wahrscheinlich hat es sich bei Siri Hustvedt auch kaum um eine reine hysteriforme Reaktion gehandelt, über die sie selber spekuliert, aber eine davon etwas beeinflusste Somatisierungsstörung hat wohl vorgelegen. Denn eine organische Krankheit lehnte Siri Hustvedt ebenfalls zu Recht ab. Ich erzähle dies alles, weil es heutzutage nicht selten ist, dass man alles weiß und sich über Bibliotheken und Internet tausende von Informationen holen kann, ohne an die Wurzel der eigenen Seele im Unbewussten des Einzelnen heran zu kommen, wovon ich ausgegangen bin. Zwar ist die Sprache, die ich auch im Augenblick verwende, ein wunderbares Mittel, um über alles reden zu können, aber manches lässt sich nicht über das Wort und die sprachlich

---

[23] Hier wird der Eigenname durch Meditation sogenannter *Formel-Worte* aus dem Unbewussten evoziert. Genaueres später.

geformten Gedanken erreichen, sondern nur, wenn man auch das Bild und die ihm verwandten Blicke hinzunimmt, also das Bild-Wirkliche. Dazu später mehr Detailliertes.

Natürlich kann etwas unbewusst Inzestuöses zwischen Vater und Tochter – total unbewusst phantasmatisch geformt – eine solche Somatisierung erklären, aber gerade wenn dies Missbräuchliche nicht real stattgefunden hat, sondern durch Beziehungsstrukturen (Strenge oder Doppeldeutigkeiten, Anspielungen, unklare Gesten) geweckt wurde, kann es Hintergrund der Erkrankung sein und nicht erkannt werden. Statt Verdrängungen spielen dann direkte Abspaltungen im Psychischen eine große Rolle.[24] Auf jeden Fall ist Siri Hustvedt sehr erfolgreich, selbst ihre Tochter sagt, dass ihre Mutter immer alles richtig macht (es verhält sich also nicht so wie bei den üblichen Familien, wo die Mutter auch mal als die schlechteste Mutter der Welt bezeichnet wird). Das einzige, was auffällt: Siri Hustfeldt ist irgendwie blutlos, nicht geerdet, zu kopflastig, zu genial, zu sehr – wie sie selber sagt – von intellektueller Abwehr geprägt.

---

[24] Lacan sagt, das der Mensch generell in sich gespalten ist. „Wer nicht gespalten ist, ist verrückt", behauptet er. Diese psychoanalytische Spitzfindigkeit lässt sich am besten damit erklären, dass der Einbruch der Sprache ins biologische, bild-wirkliche Leben, mit dem Wort-Wirklichen eine Spaltung erzeugt hat. Das Tier hat seine Instinkte, die bild-wirklich sind, aber der Mensch ist gespalten und dadurch als Mensch normal.

Wie schon angedeutet lässt Siri Hustvedt in dem Buch ‚Die gleißende Welt' die Psychologin Rachel in einem Gespräch mit der Hauptprotagonistin Harriet Burden (genannt Harry, Pseudonym für eine reale Künstlerin) sagen, dass „sich überall Intoleranz gegenüber bestimmten Formen des Sexuallebens findet. . . Ist es in unserer Kultur nicht tabu, auch nur eine Andeutung von Mitgefühl für den Mann mit pädophilem Verlangen zu äußern, oder die schlichte Wahrheit anzuerkennen, dass es sexuelle Begegnungen zwischen Erwachsenen und Kindern gibt, die bei Letzteren keine Wunden hinterlassen". Das sind literarisch gute Provokationen, hier kommt schon Queerness ins Spiel, das Buch ist voll von spitzfindigen, intelligenten, lasziven, übertreibenden und provozierenden Dialogen, aber dass Pädophilie keinen Schaden bei den Kindern hinterlässt, selbst wenn die Wunden noch so klein sind, stimmt freilich nicht. Hier zeigt die Queerness ihr böses Gesicht.

Es handelt sich bei diesen Äußerungen auch wohl nicht nur um einen schriftstellerischen Coup oder Trick, sondern vielleicht um die Verleugnung eines doch stattgehabten Missbrauchs in der eigenen Kindheit der Autorin. Sie ahnt, dass bei ihr etwas vorgefallen ist, sagt sich aber, dass sie das doch offensichtlich ohne Wunden überstanden hat, denn wie könnte sie sonst so erfolgreich und zufrieden sein. Dabei ist es durchaus möglich, wie ich schon andeutete, dass es die eigenen frühen Urphantasmen sind, die den gleichen Schaden anrichten wie eine äußerliche Realität. Und noch dazu: die psychoanalytischen Theorien sind uferlos, aber in der Praxis hapert es oft, so dass ich auch hier keine definitiven Äußerungen über Siri Hustvedts Psychodynamik machen möchte und verstehen würde, dass man meinen Äußerungen nichts abgewinnen kann.

Irgendwo muss das Zittern aber herkommen, und darüber schreibt Siri Hustvedt ja selbst offen und vielseitig. Ich denke, man kann wie gesagt das Ganze nur mit einer weitgehenden Abspaltung intensiver psychischer Inhalte erklären. Eine Spezialistin für so etwas ist die Psychoanalytikerin Judith Le Soldat, die Freuds Theorie umgedreht und ins extrem Erotisch-Aggressive hin ausgelotet hat. Makaber und kurios beschreibt sie, dass nicht der Ödipuskomplex und die Kastrationsangst die zentralen Elemente der Freudschen Therapie sind. Vielmehr steht die zwischen der Mords-Eifersucht gegenüber dem Vater und der Eros-Verliebtheit zur Mutter in der Ödipussage stehende Sphinx im Mittelpunkt, die absolute Transgenderfigur, die zusätzlich noch chimärischen Charakter hat.[25] Sie ist eine der mit Animalität des Fressens und Gefressenwerdens und männlicher Sexualität ausgestattete Frau- und Mutterfigur, die zu Beginn des Lebens die kindliche Seele in unlösbare Konflikte stürzt. Denn ihr gegenüber entwickelt das Kind mittels unbewusster eigener Imagination libidinös-aggressive Strebungen, die sich gegenseitig blockieren.

Freud, so Le Soldat, habe sich mit der Ödipusgeschichte nur eine Ausrede, eine psychische Abwehr verschafft, um

---

[25] Le Soldat, J., Eine Theorie menschlichen Unglücks, Trieb, Schuld, Phantasie, Fischer Sozialwissenschaft (1994)

sich nicht diesen gewaltsamen sexuellen und sadistischen Regungen stellen zu müssen. Doch so spannend ihre Argumente zu lesen sind, denn sie zerpflückt Freuds Initialtraum (der Traum von ‚Irmas Injektion') bis ins Detail, so kann ihre Psychoanalyse als Therapie wohl nur in Sonderfällen gelten, und so will ich in keiner Weise behaupten, dass Siri Hustfeldt solch eine Behandlung geholfen hätte. Aber als theoretischer Beitrag sind Judith Le Soldats Überlegungen wertvoll, weil bei ihr die entscheidende Schnittstelle zwischen dem rein bildhaften Unbewussten und dem worthaften Vorbewussten mit großen libidinösen und aggressiv monsterhaften Phantasmen angegangen wird, was die innerseelischen Konflikte massiv in Bewegung bringt. Man kann sie vielleicht nicht ganz heilen, aber besser entwirren, und so denke ich, dass man hier wohl besser von einer unbewusst primären, phantasmatischen und unerfüllbaren Verschmelzungssucht spricht, die psychosomatischen Störungen oft zugrunde liegt, und die man wenigstens durch Judith Le Soldats Verfahren umlenken kann.

Psychosomatisch heißt, dass es um besonders tief im Unbewussten verknotete Aspekte geht, bei denen man gern an außergewöhnliche therapeutische Konstruktionen denkt. In dem Theaterstück ‚Die Netzwelt' der amerikanischen Dramaturgin Jennifer Haleys geht es ebenfalls um diese konflikthaften Kräfte, und weil es Netz-Kräfte sind, die die Neuropsychologie betreffen, passen sie hierher, also in die Zusammenhänge von Neurowissenschaft und Psychoanalyse. Das Stück handelt von einem Pädophilen, der sich eine Virtual-Reality-Netzwelt erschaffen hat, in der man allen erdenklichen päderastischen Neigungen nachgehen kann. Die dort missbrauchten Mädchen sind Computeremulationen realer Vorbilder, und eine Juristin soll nun ermitteln, ob dies so legal ist oder besser verboten gehört. Doch die im Theater zwischen Verhörsraum und Missbrauchsraum wechselnde Bühne zeigt die enge Verwobenheit der beiden Netze, des normo- und des phantasmatisch-realen, und als die Ermittlerin sich in den Mann verliebt, den sie zu Testungen in die pädophile Netzwelt schickt, gerät alles durcheinander. Eine juristische Aufarbeitung erscheint nun irrelevant,

Mit Sicherheit wird es bald derartige Netzwelten geben, perfekte ‚Aktiv-Refugien‘, für die nicht einmal mehr Bilder realer Personen verwendet werden müssen, denn alles ist KI-erzeugt. Doch das Problem ist dann nicht mehr nur des einzelnen Pädophilen, der viele Stunden täglich in seinem ‚Refugium‘ verbringt, aber einem juristischen Verhör noch folgen kann, sondern dass jeder Einzelne seine eigenen uferlosen Phantasien virtuell-real umsetzen will, sie alle aber in der genormten Realwelt nicht mehr zusammenwirken können. Verändern vielleicht ein paar Pornofilme nicht den Charakter des Einzelnen, wohl aber eine Virtual-Reality-Gesellschaft, in der keiner mehr die Sucht des anderen versteht.

Vielleicht hilft den Nutzern (als einer der angekündigten Sonderfälle) dann doch die Psychoanalyse Judith Le Soldats, die wohl noch gerade wissenschaftlich genug ist, um die sexistischen und aggressiven Geister, die in der Therapie wie bei Goethes Zauberlehrling ständig aufge-

rufen werden, wieder loszuwerden. Denn ohne eine Übertragung in die Welt der Wortkommunikation wird man in
der Virtual-Reality-Gesellschaft vom imaginären Teil
dieser Welt überrollt und verstrickt verloren gehen, egal,
ob diese nun pervers, psychotisch oder angeblich normal
ist. Das Normale, Normierte – ich habe es schon bei den
‚dull normals' erwähnt – ist meist eine Zwangsneurose.
Alle passen sich zwanghaft aneinander an, und damit sind
sie normal.

Und so schreibt Siri Hustvedt in ihren Romanen zwar
wenig über derartige tief unbewusste Konflikte, aber
irgendwie doch um ihr Leben, wie sie oft selbst betont.
Aber könnte man dieses ewige Dilemma von Mann und
Frau nicht auf den gerade erörterten, einfachen Nenner
von virtuell-real (Frauen) und genormt-real (Männer)
bringen: Beide fallen laufend auf ihre Gegenseitigkeiten
herein. Es verhält sich nicht nur so wie Siri Hustvedt
beschreibt, dass die Männer vorwiegend sexistisch sind,
im Gegenteil, sie behaupten den trieb im Griff zu haben,
ja sie haben sogar das Zölibat erfunden, um zu beweisen,
dass sie nicht nur über Potenz verfügen, sondern auch
über fast transzendente Stärke. Das durchscheuen die
Frauen natürlich, doch trotzdem übernehmen sie dieses
psychologische Modell!

Siri Hustvedt spricht von den Festen starker, freudiger
Begierde, die eine Vielzahl sexueller Vorlieben umfas-
sen, selbst Praktiken wie Sadomasochismus.[26] Aber han-

---

[26] Hustvedt, S., Wenn Gefühle auf Worte treffen, Kampa
(2019) S. 109

delt es sich hier nicht um speziell männliche Phantasien, wie sie vom Marquis de Sade und von Sacher Masoch ins Spiel gebracht wurden? Auch zahlreiche Aussagen über den Orgasmus fallen bei Siri Hustvedt nach männlichem Vorbild aus, ja sind wegen ihrer Multiplizität sogar eine weibliche Domäne, und auf dieses Entgegenkommen der Frauen fallen die Männer wiederum reihenweise herein und täuschen sich auch zudem noch über sich selbst. Tatsächlich, es gibt kein Geschlechtsverhältnis und deswegen existieren die abenteuerlichsten Kolportagen darüber.

Siri Hustvedt muss diese großartigen, vielschichtigen und mit neurowissenschaftlichen, psychoanalytischen und kunstwissenschaftlichen gespickten Romane schreiben, sonst würde sie von der Sphinx gefressen werden, die die zwei Geschlechter in sich vereint ohne auch nur die geringste Ahnung davon zu haben, „was es vom EIN gibt". Lacan hat sich extra darum bemüht so kompliziert von der Henologie, der Einswissenschaft zu reden, denn die Leute reißen sich sonst das, "was es vom EIN gibt", selbst schnell unter den Nagel, so wie es auch Platon im Parmenides getan hat, der argumentierte, dass „das Eins" (to hen) „nicht vieles (polla) sein kann". . . aber „das Viele kann auch nicht ohne Eins sein".[27] Kurz: „Es gibt kein EIN (keine Existenz) außer vor dem Hintergrund des nicht EIN (der Nicht-Existenz) und umgekehrt".[28]

---

[27] Platon, Parmenides, Insel Verlag (1991)
[28] Lacan, J., Seminaire XIX, SEUIL (2011) S. 134

Denn „was es vom EIN gibt" kann einem niemand sagen, kein Autor, kein Wissenschaftler und auch kein Psychoanalytiker. Das kann jedem nur vom L'Autre, vom *Anderen* in einem jeden selbst vermittelt werden, der im Verfahren der *Analytischen Psychokatharsis* direkt die Auskunft erteilt, doch kann er dies nur tun, wenn er d i e Frau wenigstens ein bisschen in Erinnerung hat. Denn auch wenn es sie nicht gibt, so ist sie doch irgendwie lebendig und der/das *Andere* nicht ganz tot. Ich werde noch zeigen, dass hinter diesen beiden Figuren zwei Arten psychoanalytischer Theoriebildung stecken, die vom ‚toten Vater' und die von der ‚reichen, universalen Frau'.

Ich mache folgenden Vorschlag: hinsichtlich des ‚toten Vaters' spricht Lacan auch oft vom ‚Namen des Vaters', von „Les noms du père", die im Französischen auch nach „Les non du père (Die Nein des Vaters) und Les non Dupes errent (Die Nicht-Blöden irren)," klingen, womit Lacan eine formelwortartige Dreifach-Formulierung geschaffen hatte, die wie die im Verfahren der *Analytischen Psycho-katharsis* verwendeten *Formel-Worte* drei- oder mehrdeutig ist.[29] So arbeitet nämlich auch das Unbewusste, so wirkt auch der/das *Andere, L'Autre.* Durch so etwas muss man hindurch, um zu einer echten und wahren Aussage des Unbewussten und dahin zu kommen, was von

---

[29] Auch Siri Hustvedt zitiert diesen Satz Lacans, sie weiß aber nichts über das Wesen dieser Homophonie (Gleichklang), obwohl sie behauptet, sich gründlich mit Lacan beschäftigt (und seine Theorien in ihrer Dissertation benutzt zu haben in ‚wenn Gefühle auf Worte treffen', S. 86). Später habe sie sich von Lacans Ideen (!) distanziert.

der zentralen Metapher des Φ geleitet (die nebenstehende Abbildung zeigt ein derartiges im Kreis geschriebenes *Formel-Wort* vorerst ohne weitere Erklärungen), wenn auch nicht voll-ständig zum Ziel geführt wird.

Von verschiedenen Buchstaben lassen sich unterschiedli-che Bedeutungen herauslesen so wie in Lacans Satz drei verschiedene Bedeutungen herauszuhören waren. Damit will Lacan zeigen, dass das EIN versteckt hinter den dreien liegt. Doch was in seinen Vorlesungen nur ein Beispiel theoretischer Natur war, ist im gezeigten *For-mel-Wort* eine praktische Möglichkeit. Meditiert man es, muss das Unbewusste selbst das herausgeben, ‚was es vom EIN gibt'. Auf die Übungen dieser Praxis im Rah-men der *Analytischen Psychokatharsis* komme ich noch zurück, im Anhang ist das ganze Verfahren kurzgefasst geschildert.

Hinsichtlich der ‚reichen, universalen Frau' kann man wieder gut auf Siri Hustvedt zurückgreifen, denn – sie beschreibt so viele Frauenschicksale – ist sie nicht selber eine? In den meisten ihrer Frauenfiguren ist sie selber mit enthalten, aber die Vervielfältigung allein hilft noch nicht zur endgültigen Identität dessen, ‚was es vom EIN gibt'. Doch das *Formel-Wort* rein mental nur lange genug wie-derholt, wird nicht nur das Unbewusste herausgeben, ‚was es vom EIN gibt', man könnte auch sagen, dass – wenn ich das einmal so unwissenschaftlich ausdrücken darf – die ‚reiche, universale Frau' selbst einem in beglü-ckender Form erscheinen kann. Ich beziehe mich hier auf den bekannten Mythenforscher R. von Ranke-Graves, der genau um diese Figur der ‚reichen, universalen Frau' den Kult der ‚Weißen Göttin' inszenierte, der allerdings im realen Leben wohl etwas mit der Schauspielerin Ava Gardner zu tun hatte, mit der er befreundet und die für ihr ausschweifendes Leben bekannt war.[30] Auch Hexenversammlungen hat er besucht.

Doch solch ekstatische Erscheinungen sind nicht Ziel der *Analytischen Psychokatharsis*, in deren erster Übung es zwar zu der geschilderten, befreienden Erfahrung, Loslösung und kathartischem Erleben im Sinne von ‚Durchrieselungserfahrungen' des Körperbildes kommt und dessen Zusammenhang mit den Chill-Out-Erfahrungen ich schon erwähnt habe. Doch gilt dies nur für den Moment der ersten Übung im Verfahren der *Analytischen Psychokatharsis*, in der zweiten, folgenden Übung korrigieren die dort auftretenden *Pass-Worte* all diese Erscheinungen und geben die Wahrheit des Unbewussten in symbolischer Form heraus. So könnte man sagen, dass diese kathartische Erscheinung mit Ψ (griechischer Buchstabe Psi) chiffriert werden kann, und sich so das EIN als die Kombination beider Symbole, also Φ / Ψ darstellen lässt, die jedoch – wie nun schon oft betont – jeder Einzelne in sich selbst erstellen muss.

In der Praxis sieht dies so aus: wiederholt man rein gedanklich mehrere dieser *Formel-Worte*, so dient die nunmehr zustande kommende Katharsis, das ‚Durchrieseln' des Körperbildes, des Bild- oder ‚Spür'-Wirklichen,

---

[30] Ranke-Graves, von, R., Die weiße Göttin, Rowohlt (1992)

dazu, zur Übung des ‚inneren Gedankenhörens‘ der *Pass-Worte,* also zur zweiten Übung hinüberzuleiten. Bekanntlich hat man früher die Menschen oft mit Hypnose behandelt, dabei tauchten sie auch in dieses tief entspannende, oszillierende Bild-Wirkliche des eigenen Körperbildes ein, konnten lebhafte Bilder früher Erinnerungen ‚sehen‘ und schwebten so genussvoll wie in einem luziden Traum. Doch dieser Zustand war total abhängig von der Stimme des Therapeuten, so dass die Menschen ihre Symptome nur in einen Abhängigkeitsrausch verwandelten. Die in der Hypnose erinnerten Bilder galten dann nicht viel, waren halbe Halluzinationen.

Freud hat diese Methode verlassen, weil er den von vornherein mündigen, also sprechbereiten Menschen haben wollte. Umso schwieriger war es dann an die frühen Erinnerungen ohne dieses unbewusst Bildhafte, unbewusst Imaginäre, heranzukommen. Durch den ‚durchrieselnden Schauer der ersten Übung der *Analytischen Psychokatharsis* wird man jedoch in die zweite Übung wie schwebend hinübergeleitet, was zusätzlich zur entspannenden Monotonie der *Formel-Worte* das Unbewusste öffnet. Jetzt ist der Punkt des Zusammenschlusses des *Strahlt / Spricht* als der des EIN erreicht und drückt sich eben *pass-wörtlich* aus.

3. Φ und Ψ

Siri Hustveldt hat nie die ‚L'Adultera' sein müssen, die Ehebrecherin, die T. Fontane so oft in seinen Romanen thematisiert. Dabei heißt lateinisch ‚adultero' eigentlich ‚ich mache es anders', und zudem: die männliche Form, ‚adulter', bedeutet auch Liebhaber. Siri Hustvedt hätte es sicher literarisch bestens verarbeitet, dass die weibliche Form Ehebrecherin bedeutet, während den Männern die amourös-positive Rolle des Liebhabers zugeschrieben wird, frauendiskriminierend. Schon in den Urworten steckt die Ungerechtigkeit. Bereits in ‚L'Adultera', in dem ersten dieser Romane, lässt Fontane seine Hauptprotagonistin zu ihren ehebrecherischen Liebesgefühlen stehen, wobei von vornherein klar war, dass eine richtige Ehe gar nicht bestanden hatte.[31] Der Kommerzienrat van der Straaten liebt nämlich mehr die Kunst als seine Ehefrau und lässt sich schon zu Anfang eine Kopie von Tintorettos ‚Ehebrecherin' anfertigen: eine ‚ludificatio', eine Verhöhnung, eine ungeheuer sarkastische Geste.

Doch im Gegensatz zu Fontanes späterem Roman ‚Effi Briest' geht die Sache gut aus, so wie ja auch die Ehebrecherin im Neuen Testament – und darauf bezieht sich ja Tintorettos Gemälde – mit dem Leben und Jesu beherzten Ratschlägen davonkommt. Melanie van Straaten verliert ihre Position in der gehobenen Gesellschaft, findet aber in der Liebe zu ihrem neuen Mann und vor allem auch in ganz einfacher bürgerlicher Arbeit ein Zuhause, das sie

---

[31] Fonatne, T., L'Adultera, Greifenverlag zu Rudelstadt (1988)

bestätigte und das die damalige Gesellschaft nicht so verteufeln konnte. Bei Effi Briest endet die Romanze allerdings schrecklich. Nach Offenbarwerden ihrer Liebschaft wird sie von allen verstoßen und stirbt verkümmert mit dreißig Jahren in ihrem Elternhaus. Wohl wegen dieses misslichen Endes versuchte die Autorin D. Keuler, Fontanes ‚Effi Briest' umzuschreiben. Dass Fontane in seiner „Effi Briest einen Frauentyp schafft, der – wie er sagt – wie alle meine Frauen einen Knacks weghaben", heißt für Keuler, dass der Autor hier seine eigene Frauenproblematik hereinbringt: so lässt sie Effi Briest nicht als Ehebrecherin unglücklich werden, sondern „die Frau verlässt ihren Mann und findet wahres Glück in den Armen einer Freundin!"[32]

Die Autorin favorisiert also eine moderne, lesbische Lösung, die in die Zeit und in die Geschlechterauffassung Fontanes wohl kaum hineingepasst hätte, auch wenn sie sicher recht hat, dass bei ihm eine deutliche Frauenproblematik bestand. Zudem ist das reale Vorbild der Effi Briest, Elisabeth Baronin von Ardenne, nachdem sie ganz im Gegensatz zur Romanfigur im Alter von fast 100 Jahren gestorben war, nicht aus lauter Unglück so alt geworden. Natürlich war Fontane ein patristisch-paternaler Typ und Freuds sexualwissenschaftliche Sprache ist ebenso paternal-universitär abstrahiert, aber was ist jetzt an den Frauenschicksalen wirklich dran? Was ist die weibliche Identität, was die Liebe zwischen Mann und Frau? Man kann deutlich sehen, wie Imaginäres und Symbolisches

---

[32] Keuler, D., Ein offener Brief, in Buchforum Nr.X, S. 49 (siehe auch den Roman der Autorin)

sich signifikant, wenn auch unterschiedlich, vermischen, aber was ist das Reale dieser Frauen? Wo ist die Mathematik ihres spezifischen Eros?

Siri Hustvedt weiß wohl keine endgültige Lösung, wenn sie auch in ihrem Leben für sich eine Identität gefunden hat, aber sie kann sie nicht direkt hilfreich mitteilen oder auf andere übertragen. Sie ist keine Ärztin, keine Therapeutin. Im Zentrum der Psychoanalyse steht eine andere Form der *Übertragung,* die besonders wirkungsvoll ist. Bekanntlich soll der Patient in der psychoanalytischen Therapie ‚freie Einfälle‘, ‚freie Assoziationen‘, möglichst spontan mitteilen, wobei er in positiver Weise Bedeutungen aus seiner eigenen Geschichte oder aus anderen Beziehungen auf den Analytiker *überträgt*, weil er ihm ein Wissen unterstellt. Diese wissensunterstellende *Übertragung* ermöglicht es dem Therapeuten jedoch, auf ihn bezogene Anteile der ‚freien Assoziationen‘ zu deuten und in ihrem wirklichen Gehalt zu interpretieren.

Nochmals anders ausgedrückt: es geht hier um eine Vermischung, *Verknotung* von symbolisch betonter *Übertragung* und imaginär weniger betonten Aspekten, wie z. B. der *Gegenübertragung.* Der Therapeut reagiert nämlich meist mit einer ähnlichen Rück- oder *Gegenübertragung,* die nicht so stark vom Symbolischen, dem Wort-Wirklichen, sondern mehr von Imaginären, dem Bild-Wirklichen her bestimmt ist. Zudem: die *Übertragung* ist ja inadäquat, es werden ja Bedeutungen aus früheren oder anderen Beziehungen auf den Therapeuten übertragen, und so muss diese *Übertragung* aufgelöst werden. In gewisser Weise steht der Patient – auch wenn er klüger geworden ist – wieder mit sich alleine da.

Und weiterhin: Eigentlich sollte der Analytiker nicht rückagieren, nicht gegenübertragen, sondern die auf ihn bezogenen Bedeutungen aufgreifen und im Gesamtzusammenhang deuten, interpretieren, und so einer Bewusstwerdung zuführen. Die *Übertragung / Gegenübertragungs*-Matrix ist somit ein Problem für die Psychoanalyse, wenn wie gesagt die auf den Analytiker verschobenen, *übertragenen* Bedeutungen nicht genügend interpretiert und damit gelöst werden. Die richtige Lösung ist auch hier eine Enthüllung. Das Sprechen in der Psychoanalyse dient nicht der Kommunikation, sondern dieser durch Worte enthüllten Einsicht. Daran sind nicht nur die Phoneme, die Wortwirklichkeit, beteiligt, sondern auch die Pixel des Bild-Wirklichen.

Übertragung (symbolisch, wort-wirklich) / Unterstellung (imaginär, bild-wirklich) klingen nach dem gleichen sich alternierend bedingenden Kräftepaar, so wie also auch das Double von *Übertragung/Gegenübertragung* diese Gegenseitigkeit aufweist. Solch einen Zusammenhang kann man am besten an dem bekannten Phänomen des ‚Déjà vu', des etwas schon einmal so gesehen oder erlebt zu haben. Aber es ist nicht wirklich so gesehen worden, das Phänomen des ‚Déjà vu' geht vielmehr mit dem eines ‚Jamais raconté' einher, also mit etwas, das noch nie so richtig erzählt und ausgesprochen worden ist. Das ‚raconté' der symbolisierenden *Übertragung* ist mit dem ‚vu' der spiegelnden *Gegenreaktion* engstens verbunden und lässt sich so auch im psychoanalytischen Begriff der

‚Ur-Szene' erfassen. Die ‚Ur-Szene' besteht in dem Ge-
wahrwerden einer intim-aggressiven Begegnung, von der
man – z. B. als Kleinkind beim Blick ins elterliche
Schlafzimmer – total ausgeschlossen, ja weggestoßen
war. Sie ist somit so etwas wie der Prototyp eines Trau-
mas.[33] Ein schlechtes ‚Vu/Raconté'.

Eine meiner Patientinnen träumte einmal Geräusche im
elterlichen Schlafzimmer zu hören, sie ging im Traum
dort hin und sah – nichts! Niemand lag in den Betten.
Zurückgekehrt fand sie die Mutter – harmlos beschäftigt
– in der Küche. Die ‚Ur-Szene' wieder zu erleben ist so
peinlich, dass die Patientin ihre Wahrnehmung gespalten
und die heftig intim verkehrenden Eltern wegretuschiert
hatte. Genau das Gleiche träumte ein anderer Patient.
Auch er hörte Lärm im elterlichen Schlafzimmer, ging
hin und sah: zwei fremde Leute im Bett der Eltern! Ach,
die werden wohl Gäste da einquartiert haben, dachte er
noch im Traum bevor er aufwachte. Das wirklich Gese-
hene war zu einem ‚Déjà vu' geworden, das nunmehr
jedoch ein ständiges Traum-‚Raconté' aller möglichen
Umschreibungen und Umwege herausforderte. Der Blick
in die „Ur-Szene" ist urverdrängt (auch darauf komme
ich noch zurück). Es werden noch viele Leute träumen,
dass niemand oder andere Leute im Bett der Eltern lie-
gen. Die Sache ist einfach zu peinlich und zu traumatisch,
um sie real zu erinnern.

---

[33] Es ist, als gäbe es einen ‚Urblick', über den man nicht mehr
verfügt. Doch ich habe schon erwähnt, dass es sich um einen
Mehrfachblick handelt, der in isolierter Form nicht funktions-
fähig, sondern eher inkorrekt ist.

So haben z. B. die Träume mit dem leeren bzw. fremdbe-
setzten Bett der Eltern auch mit dem Therapeuten und der
auf ihn bezogenen *Übertragung* zu tun, denn er hört ja
intensiv zu, wird voll in die Geschehnisse einbezogen,
und so kann er sich selbst als derjenige sehen, der hier im
Schlafzimmer, das im Moment das Sprechzimmer ist,
übersehen wird. So wie der Patient den Widerstand hat
die Ur-Szene voll und ganz zu erinnern, so hat er auch
Widerstände seinem Analytiker alles Dazugehörige sagen. Die Deutung des Therapeuten wird sich behutsam an
das leere oder fremdbesetzte Bett herantasten und – wenn
sie nicht voll zutreffend ist – dazu führen, dass der Patient weiterhin mehr und mehr erzählen muss. Deswegen
kann man sagen, dass in der Psychoanalyse die ‚symbolische Ordnung‘ des Wort-Wirklichen im Vordergrund
steht, denn es muss geredet, geredet und geredet werden.
Manchmal muss man die Deutung auch konstruieren,
doch auch hier spielen mehr narrative Elemente die
Hauptrolle. Blick- und Bild-Elemente sind nur indirekt
darin enthalten.

Ganz anders in der Phase des ‚zerstückelten Körpers‘
(corps morcelée), mit der bei Lacan das Leben beginnt.
Das Kleinkind durchlebt völlig unkontrollierte Bewegungen, unzusammenhängende Empfindungsschichtungen
und Beziehungserfahrungen. Es gibt noch kein einheitli-
ches Körperbild vom eigenen Ich, da dem Kern einer
ersten Ichbildung dessen Stabilität, Dauer, Festigkeit ja
ständig durch die gerade genannten durcheinanderwir-
kenden Phänomene verloren geht bzw. auch gar nicht
richtig zustande kommt. Freud hatte noch angenommen,

dass die Zerstückelung, Spaltung, Unkoordiniertheit im psycho-physischen Bereich sich aus der erotisch-aggressiven Kombination von Eros-Lebens-Trieben und Destruktions-Todes-Trieben ergibt. Doch erwies sich diese Auffassung als zu pessimistisch, aber auch als zu abstrakt, um es als Wort-Wirkliches zu verstehen. Hier ist mehr Bild-Wirkliches angezeigt, wie ich sie in der *Analytischen Psychokatharsis* stärker herausstelle.

Die von mir schon zitierte Umformulierung durch Lacan in die Kombination von *Schau-* und *Sprechtrieben* ist in vieler Hinsicht plausibler, wenn auch nicht erfreulicher. Die Triebzone der Wahrnehmung ist jetzt Gesicht und Auge und das ,Objekt' der Blick. Und die Zonen von Hören und Sprechen, die ,Lautperzepte' nehmen sich zum ,Objekt' die Stimme.[34] Analog dazu schreibt der Psychoanalytiker R. Krause, dass der Mensch mit zwei ,Organisationskernen' psycho-physischer Natur auf die Welt kommt, die durch den Einfluss der Mutter, anderer primärer Bezugspersonen oder Umweltgeschehnissen nicht immer gut zusammengehalten, ,zusammengeschaltet', werden können.[34] Diese beiden ,Organisationskerne' sind bildlicher, blicklicher, bild-wirklicher und andererseits Φ lautlicher, wort-wirklicher Art. Sehr vereinfacht spreche ich auch hinsichtlich dieser beiden Triebe oder ,Organisationskerne' von einem Bild-Wirklichen Es *Strahlt* und einem Wort-wirklichen Es *Spricht*.

---

[34] Krause, R., Affektpsychologische Überlegungen zu Seinsformen des Menschen, PSYCHE Nr. 6 (2017) S. 453 – 478

Es ist wirklich von Vorteil, die Dinge immer wieder auf die gleichen Nenner zurückzuführen. So bezeichnet auch die Psychoanalytikerin S. Maiello diese Frühform des Es *Strahlt* als „Erlebnisobjekt" und die Frühform des Es *Spricht* als „Klangobjekt",[35] betont also den gleichen Dualismus, den Freud den Grundtrieben zuwies, als psychische ‚Objekte'. Sie bezieht sich hier auf Vorgänge, die sogar im noch ungeborenen Kind vorgehen, wenn dieses Herzschlag und Sprechen der Mutter ‚hört' oder deren Wärme und Erregungen ‚erlebt'. Nun verbinden sich diese psychischen ‚Objekte' untereinander anfänglich in ganz chaotischer Weise. Erst langsam bildet sich ein erstes Ich aus diesen Zusammenhängen heraus.

In diesem ganzen Tohuwabohu kommt das ‚autochthone Genießen' nicht richtig zum Zug, das ich mit Lacan auch als Elementarstes, also als genau das, ‚was es vom EIN gibt', im Hintergrund sehe. Irgendetwas von der oben erwähnten ‚jouissance' ist schon immer da, nur ist sie nicht fassbar und schon gar nicht als beständig erfahrbar. So orientierungslos könnte das Kind als corps morcelée auf lange Sicht hin nicht überleben, wenn es nicht in der Mutter eine Bezugsperson, einen ersten, groß zu schreibenden *Anderen* gäbe, der die Ichentwicklung – erst einmal zumindest ansatzweise – ermöglicht. Denn Freud meint, es käme hier immer wieder zur „Reizüberflutung", zu einer Art natürlichem Trauma, das er auch die Ur-Verdrängung nennt.

---

[35] Maiello, S., Das Klang-Objekt, PSYCHE Nr. 2 (1999) S. 137-157

Das eigene Begehren des Kindes kann sich auch trotz und vielleicht auch gerade wegen dieses *Anderen* nicht eigenwillig und konstant entwickeln. Was vorher zerstückelt war, ist jetzt urverdrängt, denn so sehr die Mutter hilfreich ist, kommt es doch zu mehr oder weniger notwendigen Versagungen: zu einem scheinbaren ‚Dagegen‘, einem ‚Nein‘, das eben als Ur-Verdrängung wirkt und somit die Negation des *Anderen* ins Leben einführt. Das ist eine bedeutende Geschichte, denn nicht nur anfänglich, auch später im Leben wird uns das/der *Andere* negativ vorkommen, werden wir mit dem *Anderen* in schwierige Beziehungen treten.[36] All das könnte man bei Siri Hustvedt als problematisch erfahren unterstellen, doch sie würde es zurecht zurückweisen, als zu viel männliche Theorie. Lassen wir das alles also vorerst einmal so stehen.

Auch Krause zeigt, dass die ‚Zusammenschaltung‘ der beiden ‚Organisationskerne‘ (*Strahlt / Spricht*) oft misslingt, weil in der Beziehung zur ganz frühen Mutter (diesem Ur-*Anderen*) durch fehllaufende ‚emotional scripts‘, unglücklichen Drehbüchern ähnlich, es zu seelischer Spaltung kommt. Bei der Ur-Verdrängung oder dieser

---

[36] „Die Negativität des Anderen weicht heute der Positivität des Gleichen“, schreibt Byung Chul-Han in seinem Buch ’Die Austreibung des Anderen’, Fischer (2016). „Die Gewalt des Gleichen ist aufgrund ihrer Positivität unsichtbar“, schreibt der Autor in philosophischer Sprache, und weiter, dass ihre Wucherung zur Destruktivität wird, d. h. also letztlich, dass wir lernen müssen, diese Negativität, diese Ur-Verdrängung zu akzeptieren.

Spaltung geht es also nicht nur um einen Sachvorgang, der schmerzt und sich „reizüberflutend" auswirkt, sondern bereits um etwas das Nein sagt, das dagegenspricht, auch wenn diese Versagung gar nicht ganz bewusst wird. Denn sie wird schon im ‚statu nascendi' abgespalten, aus dem Psychischen völlig verdrängt und verworfen, weil sie unerträglich ist. Im Sinne Krauses werden die beiden psycho-physischen ‚Organisationskerne' nicht gut zusammengeschaltet, sie brechen oft wieder völlig auseinander, indem hier also eine Negativität am Werk ist, ein ‚Nein', wogegen das Kind noch keine Argumente hat, ja noch nicht einmal weiß, wie man spricht und sich wehren könnte.

Doch Schluss mit all diesen theoretischen und abstrakten Formulierungen. „Grau ist alle Theorie", schrieb schon Goethe, „und grün des Lebens goldner Baum". Ein bisschen queer dieser Satz, doch nicht nur weil queer modern ist, auch weil es ganz gut die Grundlage der Psychoanalyse wiedergibt (Spaltung, infantil Sexuelles etc.), will ich nochmals auf diese himmlischen Mädchen zurückkommen, wie Jeanne D'Arc eine war. So zum Beispiel zu Hildegrad von Bingen oder zu Greta Thunberg. An Hand ihrer Visionen behauptete die Heilige Hildegard, am Jüngsten Tag würden die sonst ja stillstehenden Fixsterne wild durcheinanderwirbeln, um eine neue Ordnung zu finden. Sie treffen sich im Lacanschen Subjekt-oder ‚Strahlt'-Punkt, in diesem luziden ‚Licht', das für die Heilige Hildegard der Hauptstern war, der der Königsbraut, mit der sie sich wohl selbst identifizierte.

Dieser Stern ist freilich kein realer Stern am Nachthimmel. Denn dieses meditative, visionäre Wachen „geschieht nicht unter einem bestirnten Himmel," wie der Literaturtheoretiker M. Blanchot schreibt,[37] sondern unter dem „dés astre", ein Wortspiel, das mit den Sternen aber auch mit dem Desaster zu tun hat. Denn auch für die heilige Hildegard war die Rolle der Königsbraut alles andere als einfach. Ihre zu große Nähe zur Mitschwester Richardis, die sie nicht in ein anderes Kloster ziehen lassen wollte und nur unter Zwang dazu bereit war, zeigt, dass es noch einen zweiten Hauptstern gab. Und diese Beziehung ist ein gutes Beispiel echter Queerness. Denn Hildegards fast erotomane Liebe zu Richardis von Stade war intensiv, man kann sicher von einer extremen erotischen Selbstsublimation sprechen, einer Katharsis des *Strahlt*, des Bild-Wirklichen, und auch der Gabe des Wort-Wirklichen, eines *Pass-Wortes* (nämlich: Braut Christi zu sein), was aber angesichts ihrer leidenschaftlichen Liebe zu Richardis fast ins „dés astre" mündete.

Ein solches war es nämlich zeitweise, als die Heilige versuchte, Richardis mit aller Gewalt und allen Mitteln in ihrem Kloster zurückzuhalten. Als Richardis Bruder – schon wissend um das Problem – ihr die Position einer Äbtissin in einem anderen Kloster vermitteln wollte, wandte sich Hildegard an die Ordensoberen, aber im Gegenzug verbot ihr der Meinzer Erzbischof schließlich, die Mitschwester zu halten. Richardis ging, doch die Heilige gab nicht auf. Sie rief verschiedene, weitere

---

[37] Blanchot, M., Die Schrift des Desasters, W. Fink-Verlag (2015) S.67

Amtspersonen an und schrieb sogar dem Pabst, denn sie verstand es, ihre weltliche Liebe als eingeschlossen in der Gottesliebe zu rechtfertigen, und eben das ist queer. Auf einmal sollte lesbische Zuneigung der Wille Gottes sein, den Hildegard doch sonst in so wunderbaren Visionen, Gedichten und Büchern verherrlicht hatte. Der Pabst gab ihr eine Absage, in der oft üblichen Umkehr großer Liebe in Hass versuchte die Heilige sogar, Richardis der Simonie zu bezichtigen. Noch in hohem Alter beklagte Hildegard von Bingen ihr Schicksal.

All das soll nicht heißen, dass man nicht Gott geistig und eine Frau lesbisch lieben kann. Aber die Heilige Hildegard von Bingen war extrem in ihre spirituellen Belange vertieft, sie genoss landesübergreifenden Ruhm und lebte gleichzeitig in einer genau so intensiven erotischen Leidenschaft. Heute würde man sagen, dass man eine derartige Konfliktsituation an professionelle Helfer, Therapeuten aber auch in gewissen Maße an die Öffentlichkeit herantragen könnte. Hildegard hätte ihre Verzweiflung in einem Buch niederschreiben können. Schließlich war Richardis nicht ohne entsprechende Gefühle geblieben, als sie (viel früher als Hildegard) im Sterben lag, wollte sie unbedingt in deren Kloster zurückgebracht werden.

So schlecht wird es Greta Thunberg nicht ergehen, die eine moderne Version dieser ätherischen Wesen ist. Aber sie wird ihr Ziel nicht erreichen können, die heutige politische Szene ist viel zu queer, als dass eine totale Wendung im Klima- und Umweltschutz zustande kommen kann. Erst wenn die Katastrophe mehr oder weniger eingetreten ist, wird man zu retten versuchen, was noch zu retten ist. Solange Industrie und Bürokraten vor den verbrecherischen Autarkisten katzbuckeln (z.B. vor China), wird sich nichts bewegen. Die Umweltzerstörer haben zu viele Freunde.

Das heißt nicht, dass man nichts tun kann. Mein klitzekleiner Beitrag soll darin bestehen, dass ich theoretisch und praktisch vermitteln will, dass man nur sich selbst braucht und niemand sonst, um einen Beitrag zur Verbesserung der Lage beizutragen. Die erwähnte Selbstsublimierung des Einzelnen ist für mein Gefühl der einzige Ausgang aus der Misere, speziell wenn er dahin führt, ‚was es vom EIN gibt'. Wer die Zerstückelungen als Ziel ansieht, wird nie dorthin kommen. Um das Ganze etwas mehr zu beleben, zitiere ich einmal ein Beispiel dieser *Pass-Worte*, von denen ich schon gesprochen habe und zitiere später noch ein offenes, ehrliches Geständnis Freuds, das – gerade was die Wahrheit angeht – seine wahre Größe zeigt.

Einem meiner Probanden, der seit längerem die *Analytische Psychokatharsis* übte, klang aus der Ferne oder wie aus der Tiefe der Gedanke herauf: „Ihre Arbeitskleidung hat sie schon", und er wusste sofort, um was es ging. Mit ‚sie' war die Freundin gemeint, die er schon länger kannte und zu heiraten beabsichtigte. Und der Begriff ‚Arbeitskleidung' machte auch kein Problem, erzählte er mir, denn sie bestand gerade aus nichts, also nur aus ihrer nackten Haut, aus der gesamten Oberfläche des Sexappeals. So sehr ihn überhaupt das Auftreten solch eines *Pass-Wortes* erstaunte, so sehr erschrak er aber auch über die ironische, ja fast höhnisch vorgetragene

Wahrheit dieses Spruchs, der seine Freundin zur Sexarbeiterin degradierte.

Doch empfand er auch eine erhellende Überraschung bezüglich der Flapsigkeit und Direktheit des Ausdrucks. Kein Freund, kein Therapeut hätte ihm das so überzeugend und entlarvend sagen können. Schon gar kein Moralapostel. Freilich war die Wahrheit auch spöttisch, frivol, ein Witz unter Männern, aber irgendwie war sie auch beschämend. Vor allem aber gehörte sie zuerst einmal nur ihm, und das fand er auch richtig gut. Dass man in sich selbst den Wahrheitsdedektor vorfinden kann, erlebte er wie eine kleine Sensation. Er fühlte sich stark motiviert, mir davon zu erzählen und mit den Übungen weiter zu machen. Aber er erzählte es auch bald danach seiner Freundin, worauf sich beide viel Zeit für Gespräche über ihre Beziehung nahmen.

Hatte er sie immer nur so gesehen? Konnte man offen über Phantasien sprechen, die jeder hinsichtlich ihrer Verbindung hatte? Wie oft kommt man einfach nicht darauf, das richtige Wort, den richtigen Anfang eines Gesprächs zu finden? Man muss den Wahrheitsdedektor in sich anrufen, doch dies geht nicht in der üblichen Weise eines Vorsatzes oder einer zu krassen Enthüllung, die man sich nicht zutraut. Wenn man einen Traum erzählen kann, wenn der andere ihn zu deuten weiß, mag dies ein ähnlich guter Einstieg in vertiefte und ehrliche Kommunikation sein. Aber wer kann dies schon? Selbst der Therapeut muss oft ganze Traumserien gehört haben, um eine zutreffende Deutung geben zu können.

Dagegen sind die *Pass-Worte*, die durch die aufschlüsselnde Struktur der *Formel-Worte* in Gang kommen, ein idealer Anstoß zur Selbsterfahrung, Selbstanalyse und erweiterter Kommunikation. Dass sie „ihre Arbeitskleidung schon immer hat", damit deckte mein Proband die Lüge auf, dass Frauen gerne in dieser Kleidung arbeiten wollen. Es ist ja alles schon vorhanden, die Freundin braucht ja nur loszulegen, ironisch gesagt. Mein Proband wusste sehr wohl, dass dies nicht stimmte, aber er hatte es nicht begriffen, so wie man von der Geschichte des Dritten Reiches oder der Weltkriege mehr weiß als über anderen Epochen, es aber immer noch nicht begriffen hat. Im Unbewussten wissen wir alles, auch im Schlaf wissen wir oft, dass wir träumen, und selbst wenn wir dieses Wissen verstanden haben, haben wir es nicht begriffen. In den *Pass-Worten* verstehen wir es nicht immer gleich ganz genau, aber sie helfen uns, es zu begreifen.

Ich muss jedoch zugeben, dass eine gute Psychoanalyse ebenso treffliche Lösungsworte produzieren kann. So möchte ich von Freuds eigenen Traum hinsichtlich seines Sohnes im ersten Weltkrieg erzählen.[38] Freud träumte von der Nachricht des Todes seines Sohnes, der aber nicht wirklich passiert ist. Nach einigen Assoziationen und offenlegender Deutung, gesteht Freud hier, dass trotz der „schmerzlichen Ergriffenheit, wenn ein solches Unglück [der Sohn könnte verwundet oder gefallen sein] sich wirklich ereignete", ein wiederwachender Neid ge-

---

[38] Freud, S., GW II/III, S. 564 (Freud träumte von der Nachricht des Todes seines Sohnes im ersten Weltkrieg, der aber nicht wirklich passiert ist).

gen die Jugend, ja fast ein versteckter Todeswunsch den Schmerz lindern könnte. Das ist eine unglaublich ehrliche und offene Schilderung, wie sie einfach in jeder Therapie notwendig ist. So sehr das herkömmliche psychoanalytische Verfahren umständlich und weitschweifig ist, rate ich doch jedem, der sich vertieft mit der *Analytischen Psychokatharsis* beschäftigt, zu wenigstens fünfzig Stunden einer analytischen Psychotherapie und zu ausführlicher, entsprechender Literatur.

4. Siri Hustvedt

Die Romane von Siri Hustvedt sind spannend zu lesen. Sie sind, wie ich schon erwähnte, voll von Geist, Neurowissenschaft, Kunsttheorie, Feminismus, Genderdiskussion, und zig anderen Bereichen, die alle von großer Belesenheit zeugen. Auch in einem ihrer letzten Bücher ‚Eine Frau schaut auf Männer, die auf Frauen schauen' geht es wieder um die Thematik Mann und Frau. Die Autorin hat zu den Malern M. Beckmann und W. de Kooning sowie zum Schriftsteller O. Knausgard kritisch Stellung bezogen und deren einseitige und hoffnungslos Männer orientierte Lebensanschauung offen gelegt. Man muss nicht Feminist sein, um die rüde Machoart der Genannten zu verurteilen. Freilich hätte sie bei einer Untersuchung der Maler P. Klee, F. Marc und G. Richter wahrscheinlich freundlichere Ergebnisse zu Tage befördert, doch das ist kein ausreichend gutes Argument.

Man kann zwar verstehen, dass sie von Freuds Penisneid nichts hält. Diese biologistische Sprache war vielleicht vor mehr als hundert Jahren nicht ganz zu umgehen, und wie ich im Vorkapitel ausführte, kommt ein Psychoanalytiker an Φ grundsätzlich nicht vorbei, das natürlich nur ein anderes, etwas abgehobeneres Symbol für das Gleiche ist, was Freud eruierte: das Sexuelle als solches, und jetzt insbesondere das Reden von ihm in seiner infantilen Form. Φ ist ans Männliche angelehnt, gilt aber für beide Geschlechter in gleicher Weise. Doch es so zu sagen, bleibt weiterhin missverständlich. Ich habe in anderen Büchern daher dem Φ das Ψ zur Seite gestellt, das sich mehr an die weibliche Seite anlehnt und womit man die endlosen Genderdiskussionen leichter einer Lösung zuführen kann. Dennoch muss man diesbezüglichen noch kurz eine Bemerkung zur Lacanschen Auffassung machen.

Lacan bezeichnet sich zwar als klaren Freudianer, hebt aber gegenüber dem „plaisier phallique", der männlichen Lust, die „jouissance", das weibliche Genießen heraus. Diese Unterscheidung lässt jedoch dem Φ weiterhin seinem seit Freud angestammten Platz, aber nicht mehr so umfassend, nicht mehr so ganzheitlich. Es geht Lacan hier um seine Signifikanten-Theorie, also um das, was ich gerne ein Wort-Wirkliches nenne, ein Symbolisch-Reales, das sich in der Behandlung psychisch Kranker stets im Unbewussten auffinden lässt. Wie ich oben zitierte, lautete Lacans Wahlspruch, dass die Beziehung der Geschlechter ohnehin nicht existiert, d. h. gerade in diesem Wort-Wirklichem lässt sie sich nicht definitiv festmachen, lässt sie sich nicht verorten, lässt sich logisch nichts davon verifizieren.

Was in der äußerlichen Scheinrealität an Sexualität passiert, sei – so Lacan – nur eine Freudsche Fehlleistung, ein Danebengehen, ein Patzer. Der Höhepunkt beim Mann ist immer der einer ihn überrumpelnden Angst, eines angstbesessenen Nicht-Mehr-Weiter-Wissens. Und das hat eben mit Φ zu tun, aber nach allen Deutungen bleibt ein kleiner Rest bestehen, der mit dem Bild-Wirklichen zu tun hat, und nicht deutbar ist. Insofern hat Siri Hustvedt natürlich Recht, wenn sie als gute Feministin die Schwächen, den Machoismus und die soziale und psychologische Desorientiertheit der auf Φ bezogenen Männerwelt detailliert beschreibt. Da gibt es nichts zu beschönigen. Auf einem anderen Blatt steht die Frage, warum die Frauen ihre Vorteile oft nicht nutzen und insbesondere ihre Fähigkeit zur ‚jouissance', dem Garanten von Ψ so gering schätzen.

Sie glauben nicht daran oder „es fehlt ihnen etwas am symbolischen Material" dazu, wie Lacan süffisant bemerkte. Nun, ich glaube nicht, dass man es so sagen kann. Es fehlt ihnen eher das, was uns allen fehlt, nämlich wie man Φ und Ψ in gelungener, passender, idealer Form zusammenbringt. Denn den Männern fehlt es an Ψ, am bildhaft Psychischen, an einer stabileren imaginären Ordnung oder am besser kontrollierten Bild-Wirklichem, wie ich es nennen würde, und genau dies zeigt Siri Hustvedt in allen Farben und Schattierungen. Aber was ist mit Ψ?

Für sie könnte Ψ perfekt gelten, indem es ihre ‚Zwischenheit', den ‚Möglichkeitsraum' (hier zitiert sie Winnikott), eine meiner Ansicht nach die von Weiblichen her bestimmte friedliche, warme und zärtliche Verbindlichkeit unter den Menschen herstellt. Aber genauso wie die sozial idealisierten Formen nicht vollkommen ausreichen und natürlich auch die Psychoanalyse mit (Φ) nicht alle gesellschaftlichen und neuropsychologischen Probleme löst, wird auch die Ψ-Verbindlichkeit nicht allem gerecht. Das Doppelgängermotiv, das in Siri Hustvedts Romanen (‚die gleissende Welt' und ‚Damals') steckt (sie ist immer sie selbst und die Hauptfigur, manchmal mit den gleichen Initialen), würde sich gut dazu eignen, eine Figur unter dem Motto Φ/Ψ zu erfinden und literarisch auszuweiten. Aber es würde sich dann wahrscheinlich wieder nur um eine Kunstfigur handeln, aber immerhin.

Wie erwähnt meinte schon Thomas von Aquin, die Frau sei das Abbild, die bildhaft strahlende Erscheinung Gottes, während der Mann mehr die Rolle des göttlichen Sprachrohrs innehätte. Doch obwohl die Frau diesen Zugang zu Ψ hat, zu dem unbewusst psychischen Bild-Wirklichen, gelingt es ihr meist nicht, Ψ genügend unter die Leute zu bringen beziehungsweise, es in ihrer Art auszudrücken. Doch was ist ihre Art? Siri Hustvedt beherrscht diese Art doch perfekt, die Leute lesen auch begeistert ihre Bücher, aber einen therapeutischen Effekt, eine Heilung durch die Wahrheit, wie es die Psychoanalyse behauptet zu tun (und was zum Teil nicht gelingt), gelingt auch ihr nicht – sowohl bei ihr selbst wie auch bei anderen nicht. Und da muss man dann doch ein Zugeständnis machen, dass hier auch Φ ein bisschen mitberücksichtigt werden müsste.

Denn die Frau, die den originären Zugang zu Ψ hat, kann das Bild-Wort-Wirkliche nicht in der gleichen weiblich originären Fassung an die Menschen herüberbringen, so wie ja auch zu recht kritisiert wird, wenn Männer wie Freud und Lacan Φ in der gleichen männlich originären Fassung weitergeben wollen. Lacan versucht dem brillant mit der Mathematik, Topologie, Linguistik und vielen anderen Bereichen beizukommen, aber er bleibt wie Siri Hustvedt irgendwo stecken. Obwohl er viele weibliche Leserinnen und Follower hat, geht es bei ihm an einer bestimmten Stelle nicht weiter, so wie Siri Hustvedts

Bücher auch von zahlreichen Männern gelesen werden, aber sie können anscheinend die richtigen Konsequenzen nicht daraus ziehen, während sich Frauen immer bestätigt fühlen.

Vor daher wird klar, dass es nur darum gehen kann, Φ und Ψ in geeigneter Weise zu verbinden, so dass keine rein weibliche, keine rein männliche, keine irgendwie aufoktroyierte oder von vornherein schon definitive, festgelegte Meinung zu Zug kommt, sondern nur das menschliche Subjekt selbst fähig gemacht wird, diese Verbindung in sich selbst herzustellen. Es geht um eine Selbstanalyse, Selbstpraxis. Denn erneut kann ich konstatieren, „Was es vom EIN gibt", kann niemand einem anderen vermitteln, Es, das Subjekt, EIN, muss sich in jedem selbst offenbaren. Dazu kann es allerdings nötig sein, eine Hilfestellung zu geben, mehr nicht.

Lacans Hilfe ist raffiniert. Er ordnet dem EIN weder Transzendenz noch Gott noch sonst etwas zu, sondern meint lediglich, dass der Psychoanalytiker, der ja den ersten Schritt in seine Praxis getan hat, EIN ist für den Anderen, der zu ihm kommt, obwohl er nur Einer unter anderen ist, wie Lacan maliziös vermerkt. Er ist zudem der, der sich für EIN hält, obwohl er zwei, nämlich gespalten ist und deswegen ja in Therapie geht.[39] Klar, dass Siri Hustvedt hier nicht ganz mitkommt, da es für sie ja noch dazu immer zwei gibt, die künstlerische, schöne, intelligente, wenn auch manchmal neurotische Frau und den groben, schmalspurmentalen, sexistischen Mann. Der

---

[39] Lacan, J., Seminaire XIX, SEUIL (2011) S. 227

Vater als Koordinator kommt nicht vor, obwohl man spürt, dass er bei ihr eine geistvolle Statue ohne Zeichen von allzu viel Männlichkeit ist. Er ist Ψ ohne Φ. Gewiss, auch Lacan bringt die beiden nicht gut zusammen, wenn auch sein Werk das große *Yad'lUn* darstellt, von dem aus man – erfasst man es so einheitlich – Φ/Ψ kreieren wird.

Die Hilfe, die ich geben kann, habe ich in mehreren Büchern veröffentlicht. Es handelt sich also um das Verfahren der *Analytischen Psychokatharsis*, das die mehr wortbezogene Psychoanalyse mit der mehr bildbezogenen Meditation

verbindet. In dieser Methode wird das kompaktest mögliche Wort-Wirkliche, nämlich der Buchstabe, der in seiner Form gleichzeitig auch ausreichend Bild-Wirkliches bietet, exakt in der Weise zur therapeutischen Übung eingesetzt, wie er auch im Unbewussten wirksam ist. Es handelt sich um eine im Kreis geschriebene Formulierung, die von verschiedenen Buchstaben aus gelesen (hier aus der lateinischen Sprache entnommen) verschiedene Bedeutungen enthält. Ein Beispiel mag dies nochmals in der oben nebenstehenden Abbildung zeigen und im Folgenden erläutert werden, wie man dadurch zu Φ/Ψ kommen kann.

Der Sinn dieser Formulierung, die ich nun schon mehrfach als *Formel-Wort* bezeichnet vorgestellt habe, besteht darin, dass sie keinen vordergründigen Sinn schon parat hat, sondern nur das Unbewusste anregt, ja provoziert einen solchen heraus zu geben. Das *Formel-Wort* ist

Sprache am Rande des Sprachlichen, d. h. es repräsentiert genau dieses Bild-Wort-Wirkliche wie es auch im Unbewussten vorkommt, wenn auch nur rein f o r m a l. Beim *Formel-Wort* ist exakt genauso wie im Unbewussten das Wort zerteilt, die Bedeutungen im oben gezeigten ENS – CIS – NOM (man kann es auch als O.M.E.N.S.C.I.S.N oder sonst wie schreiben, wobei eben die Kreisschreibung die eigentlich wichtige ist) stellen also perfekt diese linguistische Struktur dar, die gleichzeitig ‚kristallin' ist (Lacan bezeichnete das Unbewusste als ‚linguistischen Kristall). Das Kristalline wird durch die im Kreis geschriebenen Buchstabenbilder dargestellt, das Linguistische durch die Bedeutungsvielfalt). Denn der Sinn des Ganzen kann nur darin bestehen, das unbewusste Sehen, das Bild-Wirkliche wie auch das unbewusste Sprechen, das Wort-Wirkliche in ihrer Gemeinsamkeit, in ihrer gelungenen Verbindung, selbst aufzuwecken, zu animieren, von sich selbst den Film, den Text, das Strahlt/Spricht-Stück herauszugeben, das die noch unbewusste Identität des Betreffenden ist.

Bei dem *Formel-Wort* E N S - C I S - N O M muss der Leser sich nur hinsetzen und diese Formulierung, deren wissenschaftliche Begründung ich später noch nachliefern werde, auf sich wirken lassen, er kann es meditieren, um zu erfahren, dass hier wirklich ein subjekt- und wahrheitsbezogener ‚Anfang' gefunden wird. Gelesen werden soll im Uhrzeigersinn. In ENS – CIS – NOM überlappen sich die Bedeutungen. Geht man einmal vom M oben links aus, so heißt MENS CIS NO, der Gedanke diesseits, innerhalb von No, vom N ausgehend: NOMEN SCIS, du kennst den Namen, OMEN SCIS N, du kennst das Omen N, CIS NO, MENS, diesseits schwimme ich, oh Geist, ENS CIS NOM, das Ding diesseits von Nom, C IS NOMEN S, hundert dieser Name S, usw. So unsinnig einzelne der Bedeutungen auch sind, sie sind doch grammatikalisch und syntaktisch normal und sogar auch semantisch in Ordnung.

Der Schriftzug E N S C I S N O M muss nur meditativ, gedanklich, mental wiederholt werden, um das Unbewusste so wie erwähnt anzuregen. Ich lasse also die Probanden meditieren, jedoch nicht nach irgendwelchen ideologischen, neuropsychologischen, ‚spirituellen‘ oder rein herkömmlich psychoanalytischen Vorgaben. Jeder kann selbst nachlesen und studieren, wie die *Formel-Worte* aus den Konzepten Lacans und dem meditativen Vorgang als solchen (Zurückziehen von den eigenen Gedanken wie z. B. im Yoga) entwickelt wurden, wie sie nichts präjudizieren und doch wissenschaftlich aufgebaut sind.

Ich habe diesen ersten Teil der Methode, der der ‚Thesis‘, dem Wahrnehmungs-, dem Schau-Trieb bzw. dem ‚Kristallinen‘ folgt, wie erwähnt in einer übergeordneten Sprache auch ein ‚Es *Strahlt*‘ genannt. Damit kann ich nämlich wieder zum ‚Es‘, zum Subjekt zurückkehren, das in seinem Unbewussten das ‚ultrasubjektive Ausstrahlen‘ beherbergt, ein Begriff Lacans, der mich immer ein bisschen an das Fegefeuer erinnert, das man in sich nährt. Man kann es selbstverständlich auch ein ‚Licht‘ nennen, wäre dies nicht wieder zu mystisch. Es handelt sich auf jeden Fall um den einen Teil des Körperbildes, also des Bildes, das man von sich im Unbewussten hat.

Der andere, zweite Teil besteht darin, dass das Unbewusste auch ein Es *Spricht* in sich birgt, dass man also mit ihm auch sprechen kann. Denn das Unbewusste – ist es doch genauso wie kristallin eben auch sprachlich, linguistisch aufgebaut – wird durch einen gleich strukturierten, gleichermaßen aufgebauten Sprachkörper, durch gedankliches Wiederholen eines *Formel-Wortes* provoziert, etwas Eigenes herauszugeben. Und eben dies muss man auffangen, erfahren und heraushören. Mehr ist in dem angekündigten Verfahren der *Analytischen Psychokatharsis* nicht zu tun.

Die knappe, plastisch konkrete Form der *Formel-Worte* ermöglicht auch das, was man auch eine Neurokatharsis nennen kann. Schnittstellen heißen auch in der Computerwissenschaft so, weil sie eine knappe, praktische, wie ‚geschnittene' Form der Verbindung von zwei Systemen ermöglichen. Genau diese ist eben nötig, um unter anderem, nämlich der kognitiven Verbesserung, auch eine kathartische, befreiende Erfahrung machen zu können. Diese Erfahrung ist sehr körper- bzw. gehirnnahe, so dass man das von starker Empfindungsbeteiligung her bekannte und von mir erwähnte „Durchrieseln", Durchschauerungsgefühl, erleben kann. Es handelt sich dabei um eine libidinös besetzte Empfindung, die mit dem Körperbild des ‚Es *Strahlt*' zu tun hat und in der frühen Menschheit für die Kommunikation wichtig war. Wichtig war sie auch besonders deswegen, weil zu zudem enthüllende Funktion hatte, die wir auch heute nötig hätten. Bevor man hunderte von Stunden in eine Psychoanalyse geht, könnte man auch das Verfahren der *Analytischen Psychokatharsis* nutzen, das eine vereinfachte Form sowohl des kommunikativen als auch des enthüllenden Aspekts darstellt.

Übt man die *Analytische Psychokatharsis*, kann man die verschiedenen Bedeutungen gleich wieder vergessen. Sie sind zu disparat, also auf keinen Nenner zu bringen. Denn übt man sie in dem einheitlichen Schriftzug, wird man niemals das Diesseits (cis) von Nom mit dem Omen und der Tatsache, dass ich schwimme bei gleichzeitiger Anrufung des Geistes (mens) und dabei mein Ding (ens) mache usw. ins EIN eines Konzepts bringen. Es ist ganz klar, dass es insbesondere auf die monotone Wiederholung eines eben rein f o r m a l e n Ausdrucks ankommt und sonst nichts. Man wird so eine Art von Nonsens-Formel gedanklich wiederholen, die aber nicht Nonsens durch Mangel ist, sondern durch Vielheit, durch die Vielheit der Bedeutungen. Freud nannte dies die Überdeterminierung wie sie im Traum vorkommt, wo jedes Element viele Bedeutungen in sich zusammenführt.

Nun ist es ja so: die Wissenschaften, die Siri Hustvedt reichlich zitiert, weiter erforscht und durchschaut, haben je ihr eigenes Objekt, das sie untersuchen. Das Atom, die Biologie, das Netzwerk des Gehirns etc. Doch was ist mit einer Wissenschaft v o m Subjekt? Was ist das Sein des Subjekts? Freud und mit ihm Lacan meinten, dass es sich um ein gespaltenes Sein handelt, denn wie das Auge nicht sich selbst in seinem eigenen Kern sehen kann, so kann man sich selbst als Subjekt nicht objektivieren. René Descartes glaubte es in dem bekannten Satz vom „Ich denke jetzt, also bin ich" definiert zu haben, was

auch Siri Hustvedt als die cartesianische Spaltung von
Geist und Körper kritisiert.

Der Satz von Descartes kann auch umgekehrt gelesen
werden: Descartes ist ja auch deswegen da, weil er denkt,
und doch denkt er ja zu sein, dass er denkt, weil er ist,
usw. Mal ist das Denken vom Sein abhängig, mal das
Sein vom Denken. Lacan sagt daher, dass das „Subjekt
sich von daher spaltet, dass es zugleich Effekt seiner
Markierung und Stütze ihres Mangels ist". Mit anderen
Worten: indem es sich nennt, also markiert, stützt es sein
Nichtsein, denn das originäre Sein würde vor der Benen-
nung existieren, es zieht sich also wie der Baron Münch-
hausen an seinem eigenen Schopf aus dem Sumpf.

Descartes ist also der Macho-Wissenschaftler, an dem
Siri Hustfeldt zusätzlich ihre Freude hätte, weil ihm ja
offensichtlich jede Kenntnis der Weiblichkeit fehlt. Keine
Frau würde denken, dass sie ist, indem sie denkt, fertig.
Doch noch dazu erging es Descartes ja gerade mit der
Frau, die alle Frauen zu präsentieren schien, nämlich der
Königin Christina von Schweden (reich, üppige Schön-
heit, gebildet, Regentin, etc.), ähnlich wie Ödipus mit
Iokaste, nicht so gut. Die Königin hatte Descartes nach
Stockholm geladen, um von seiner Philosophie zu hören.
Nach ein paar Treffen kam es in einer Januarnacht 1650
noch dazu, dass Descartes auch seine Fähigkeit als Lieb-
haber bewiesen sollte. Ob es ihm gelungen ist, weiß man
nicht so genau. Jedenfalls musste Descartes, der ein be-
rüchtigter Langschläfer war, nach Philosophie- und Lie-
besstunde schon um fünf Uhr morgens das königliche
Schloss wieder verlassen.

Schließlich sollte nicht irgendein Lakai ihn beim Hinausgehen beobachten, und so stapfte Descartes bei Minus-
temperaturen in sein Domizil nach Hause. Dort kam er
jedoch schon sehr erschöpft an und erkrankte an einer
Lungenentzündung. Damals gab es noch kein Penicillin
und schon gar keine Cephalosporine oder andere Makro-
lide, die die Erkrankung schnell geheilt hätten, und so
starb der berühmte Philosoph nach einigen Tagen in der
Fremde. Einige Politikjongleure behaupteten, es habe
eine Arsenvergiftung vorgelegen, denn die Schweden
fürchteten, Des-cartes könnte die Königin zum Katholizismus bekehren, wo ihr Vater, Gustav Adolf, doch der
Protestantenführer par excellence war. Aber in Wirklichkeit starb er an den Waffen der Frau, die das Φ des kopf-
besessenen Mannes – wohl durch den amourösen Praxis-
test – entnervte und ihn so zur Strecke brachte.

Doch damit hat sich Königin Christina selbst als Φ-
orientierte Powerfrau zur Geltung gebracht und gezeigt,
dass sie vielleicht umgekehrt wieder nicht über genügend
Ψ verfügt. Siri Hustfeldt hätte da anders gehandelt. Sie
kennt sich mit Ψ zumindest aus und von den Malheurs
des Φ weiß sie genug zu sagen. Denn selbst wenn Lacan
behauptet, dass die Feministinnen verleugnen, dass Φ ein
Signifikant ist, etwas Wort-Wirkliches, etwas Veri- und
Quantifizierendes, so ist dies nur die halbe Wahrheit. Die
ganze Wahrheit läge darin, beide Symbole, das Wort-
Wirkliche und das Bild-Wirkliche, das Es *Spricht* und das
Es *Strahlt,* ausreichend gut zu kennen und darüber hinaus
eine gelungene, ideale oder wenigstens passende, glück-
liche, wissenschaftlich begründete Kombination, Ver-

knotung (Topologie!) und Verschaltung gefunden zu haben, Φ/Ψ. Exakt dies behaupte ich, kann derzeit perfekt ganz ohne mich, egal, ob ich jetzt noch ein Macho bin oder eine nur ganz normale Frau, mit der *Analytischen Psychokatharsis* erreicht werden.

Denn für eine derartige Kombination genügen Siri Hustfeldts Romane und wissenschaftlich verfasste Essays nicht ganz. Aber ich wüsste jetzt auch sonst keine Lichtgestalt, von der man das mit Sicherheit sagen könnte. Die großen Religionsstifter, Sokrates samt Platon, Mystiker und Philosophen, Freud und Lacan waren sicher solche leuchtenden Wesen, aber sie leben nicht mehr, und ihre Werke können sie nie ganz ersetzen. Ich selbst also bin es natürlich auch nicht, ich bin ja nur der, der dieses kathartisch und analytisch orientierte Verfahren entwickelt hat, mit Hilfe dessen ich hoffen kann, das jeder als Einzelner, als ein bisschen isolierter, vom Y a de L'Un faszinierter Proband die genannte Kombination finden mag.

Von den großen Frauen, die sich mit der genannten Kombination befasst haben, fiele mir noch Simone de Beauvoir ein, die Lebensgefährtin des Philosophen J. P. Sartre. Sie hatte viel Erfolg mit ihrem Buch ‚Das zweite Geschlecht', doch Lacan spottete drüber und fragte, worin denn dieses bestehe: „Wie kann man über Frauen schreiben und sie das zweite Geschlecht nennen? Warum nicht das erste Geschlecht? Lächerlich!" Und weiter: „Sie [die Beauvoir] hasste die Frauen." Dabei hat Simone de Beauvoir ähnlich wie ihre Zeitgenossin, die Psychoanalytikerin J. Kristeva, so viele und gute Sachen über die Liebe geschrieben, aber man weiß nie genau, wie man damit umzugehen hat, denn sie selbst, die Beauvoir, macht eigentlich nicht den Eindruck, als wäre sie die große Liebende.

Mutter wollte sie nie werden, Babys haben sie nie interessiert.[40] Sie meinte, Sartre und sie hätten sich genügt, was nicht stimmt, wie inzwischen jeder weiß. Eine gewisse Kälte und Machtgier blieb zeitlebens an ihr haften. Im Fall der jungen Studentin B. Lamblin hat sie sich sogar – zusammen mit Sartre – ganz übel vergriffen. Sie machten sie beide zu ihrer Geliebten, zwei Elternfiguren, die sozusagen mit ihrer Tochter (Lamblin war viele Jahre jünger) ein körperliches Verhältnis hatten.[41] Da braucht man nicht Psychoanalytiker zu sein, um zu wissen, dass all diese queeren Aussagen über die Liebe als sehr problematisch anzusehen sind. Bei Kristeva vielleicht, weil sie schwärmt, bei Sartre und Beauvoir, weil sie lügen. Siri Hustvedt allerdings verteidigt sie alle.

Simone de Beauvoir war ehrgeizig, sie machte beste Schul- und Highschool-Abschlüsse. Sie war an allen kulturellen Bereichen interessiert und zählte zu den engagierten linkssozialen Politaktivistinnen. Stets weilte sie im Café de Flore, wo sie all die interessanten Intellektuellen des damaligen Paris traf, unter anderen eben auch Sartre. Einmal wollte sie ein paar Gesprächsstunden bei Lacan buchen, doch der meinte, nur ein paar Stunden genügen nicht. Es müsste ja nicht eine lange Psychoana-

---

[40] De Beauvoir, S., In den besten Jahren, Rowohlt (1969) S. 14
[41] Lamblin, B., Memoiren eines enttäuschten Mädchens, Rowohlt (1994)

lyse sein, aber vierzig Stunden wären wohl notwendig. Doch das war der Beauvoir wieder zu viel. Da wären vielleicht doch zu krasse Dinge – nicht nur aus ihrem Unbewussten – sondern auch von den schon bekannten persönlichen, heiklen Beziehungen zur Sprache gekommen.

Aber vielleicht sind gar nicht die berühmten Frauen die diejenigen, die die Welt bewegen. Vielleicht ist das Gros der Frauen in ihrer Verbindlichkeit (,Zwischenheit') viel mächtiger, wichtiger und bedeutender als wir denken. Vielleicht gibt es eben wirklich nicht d i e, die alle repräsentiert, trotzdem könnte man um d i e herum genauso gut oder gar noch besser das Theoriegebäude der Psychoanalyse errichten, das in seiner klassischen, herkömmlichen Form um den ‚toten Vater' kreist, wie oben schon angedeutet. Denn die Sachlage ist doch folgende: die Gestalt, die Figur, das Bild-Wirkliche des Vaters ist genauso wie das der Frau zu vielschichtig, zu verschiedenartig. Deswegen wird ja auf das Wort des Vaters, auf die vaterbezogene Wort-Wirklichkeit ein so starkes Gewicht gelegt. Denn vom Vater existiert anfänglich nur ein unsichtbares Spermatozoon, seine Gestalt, seine Sichtbarkeit ist anfänglich äußerst reduziert.

Doch dann erscheint er relativ plötzlich als eine Gestalt, zu der große Distanz und Ferne bestand, wie Siri Hustvedt es von ihrem Vater erzählte.[42] Es bestand für sie

---

[42] Hustvedt, S., Wenn Gefühle auf Worte treffen, Kampa (2019) S. 20 und 34

das Rätsel einer ‚Unerkennbarkeit' in ihm, was ihr Angst machte. „die unausgesprochene Autorität meines Vaters war mächtig", schreibt sie, was schlimmer klingt als der strafende Gott des Alten Testaments, der sich wenigstens vernehmen lies. Warum hat sie sich nicht gegen ihn gewehrt, fragt sie sich, als habe eine unbewusste Komplizenschaft bestanden, ein Geheimnis, das man besser gar nicht benannte. Aber ist es in ihrer Psychoanalyse nicht zur Sprache gekommen? Ich kann nur wieder auf Lacan und Judith Le Soldat verweisen, die da nachgebohrt hätten

Die Vielschichtigkeit der Frau dagegen zeigt sich am wenigsten in ihren Keimzellen, mehr schon kommt ihre Mädchenhaftigkeit, ihre stillende Brust, ihre Mütterlichkeit, das Feenhafte, die Madame, die Schriftstellerin, Sängerin, die femme fatal, die Intellektuelle, die sozial Engagierte und was Gott noch alles äußerlich sichtbar zum Tragen. Ihr Wort hat überall Gewicht, auch wenn es von den Männern nicht genug gehört wird. Ja, man spricht sogar von der Muttersprache, mit der jeder Mensch aufwächst. Aber warum sagt man nicht Frauensprache? Hat es nicht damit zu tun, dass die die Mutter zwar die Gebärerin der Sprache war, aber wohl nicht auch gleichzeitig die Schöpferin des Wortes, des Buchstaben, des Logos ist, indem das Wort des Vaters auch zum Vater des Wortes führt. Wie oben erwähnt, ist der Mann nur derjenige, der durch Betonung und Wiederholung die Worte als bestimmend hervorruft, aber wird er dadurch zum Vater im allgemeinen Sinne?

Der Vormensch kannte wie die Tiere nur eine Signal- und keine Symbolsprache. Wie im Vogelgezwitscher konnte er Lautsignale geben, doch außer dem Trillern von Liebesbegehren und Revieransprüchen war ihm keine Aussage möglich. Erst als er eine Lautfolge betont und bewusst wiederholen konnte, als er eine Regung, ein Erstaunen, einen Affekt mit der gleichen Lautsequenz noch einmal und dann wieder und wieder von sich geben konnte, war das Symbol, das erste Wort geboren. Wie schon erwähnt sind im Vogelgezwitscher die Lautfolgen zwar nicht immer konsequent die gleichen, und selbst wenn sie dies sind, so werden sie nicht mit einer Art von Überraschung, zunehmend ernsthafter Betonung und Bewusstheit vorgetragen. Aus der reinen Lautbildlichkeit ist eine Worthaftigkeit und Signifikanz geworden, die mit zunehmendem Verständnis perpetuiert werden konnte. Aber gilt dies nicht für Frauen und Männer gleichermaßen?

Wenn auch die Plosive beim Liebemachen nicht der Ursprung der Sprache sind, wie manche behauptet haben, so erinnern sie doch an das, was ich schon mehrmals als das *Spricht* des Unbewussten bezeichnet habe. Das Unbewusste redet nämlich keine Hochsprache, sondern grummelt, „röchelt, schreit, gurrt ..; es kennt alle Kategorien des Vokalischen", behauptet Lacan. [43] Ja, es ist gar ein „sexueller Aspirationslaut." Es ist etwas nicht nur Bild- und Zeichenbezogenes, sondern eben auch *Signifikanten*- und Wortbezogenes, das uns jedoch wie als Fremdes, *Anderes* zukommt und in tiefste Konflikte bringt. Dieses unbe-

---

[43] Lacan, J., Séminaire Nr. XIV, Vortrag vom 19.4.67, Mitschrift S. 206

wusste *Spricht* hallt im Körper wieder und findet keinen Ausweg. „Die Philosophen wissen nicht, dass die Triebe das Echo im Körper sind. . .Weil der Körper einige Öffnungen hat, deren wichtigste, weil sie nicht geschlossen werden kann, das Ohr ist, antwortet im Körper das, was ich die Stimme genannt habe."[44] Es handelt sich um die Ur-Vaterstimme, diejenige, die den eigentlichen Eigennamen in jedem Menschen hin- und herwirft und wogegen die Muttersprache zu wenig bietet, um sie zu enthüllen und für die Identität genügend zu festigen.

Mütter, Mädchen und Männer sind hier nicht die Maßgeblichen, sondern wenn überhaupt dann eben die Frau oder der Vater als Übergeordnete. Doch wie schon zitiert, kommt der Vater als Lebender nicht in Frage, sowie es auch d i e Frau als universelle nicht ist. Den Vater hat man dann als Toten in der Psychoanalyse zum Angelpunkt der Theorie und auch der Praxis gemacht: wie ich eingangs von Freuds Buch ‚Totem und Tabu' zitiert habe, haben die rivalisierenden jungen Männer den Urvater ermordet so wie es auch Ödipus gehandhabt hat. Lebend, z. B. in Form des väterlichen Therapeuten muss er aus dem Spiel heraus ge-halten werden. Er sollte nicht von sich erzählen und – wie Lacan meint – nur mit der Stimme eines Toten reden. Eben, hier ist der ‚tote Vater' das Zentralelement, er ist theoretisch der, der – wie oben angedeutet – am aufrührendsten grummelt, schreit, röchelt und spricht.

---

[44] Lacan, J., Seminare XXIII, Übersetzung Lacan-Archiv, S. 10

Nun könnte man auf der Seite der Frau das Gleiche tun, doch hier zählt mehr die lebende Frau, und zwar eben genau die, die alle Frauen repräsentieren würde. Sie muss nicht existieren, es geht ja nur ums Zentralelement, um den Angelpunkt der ganzen Theorie und Geschichte, um das, worum das Bild-Wort-Wirkliche in Form des ‚toten Vaters' kreist, und worum man jetzt auch zur Theoriebildung die Frau kreisen lassen könnte. Man müsste sie also die ‚reiche, universale Frau' nennen, reich in jeder Hinsicht (geistig, erotisch, ästhetisch, materiell, mütterlich, feenhaft, lasziv, hierarchisch, emotional, etc.), also genau die, die es in dieser Universalität zwar nicht gibt, aber die eben doch irgendwo und irgendwie gerade als die lebendig ist, die nicht nur alle Männer im Kopf haben, sondern die auch alle seelischen Komplexe zu erklären hilft. Sie steckt nämlich in all den unbewussten Verschmelzungsphantasmen, in all den perversen Phantasien und Verrücktheits- und Verzücktheits-Zuständen, und auch wenn die Feministinnen nichts davon sagen, so spürt man doch, dass die ‚reiche Frau' auch bei ihnen im Hintergrund wirksam ist.

Ich muss also zur Frauen- und zur queeren Literatur entscheidender Stellung nehmen, nicht nur zu Siri Hustwedt, sondern auch zu all den Beziehungsdramen, die den Literaturmarkt ganz generell durchziehen. Früher waren Beziehungsgeschichten wie M. Mitchells ‚Vom Winde verweht', T. Manns ‚Buddenbrooks', Fontanes ‚Effi Briest' oder Ingeborg Bachmanns ‚Werke und Briefe', wundervolle psychologische Epen über die Beziehungen der Menschen und insbesondere der Geschlechter, die gegenüber der überromantisierten Literatur Goethes packend modern erschienen. Aber heute wirken sie albern. Heute sind es die von Transgendergeschichten durchwirkten Romane wie M. Nelsons ‚Die Argonauten‘, die den neuesten Zeitgeist beflügeln. Wo bei M. Mitchell nie klar wurde, warum Scarlett O'Hara den völlig unscheinbaren Ashley leidenschaftlich begehrte, und mit dem grandiosen Rhett Butler nie zurechtkam, geht es bei M. Nelson um die lesbische Freundin, die sich in einen Mann umwandeln lässt während sie selbst ein Kind bekommt, das männlich sein wird und somit die gleiche Problematik – zwei Männer zwei Frauen – wiederspiegelt. So sieht es zumindest die Autorin. Konstruktiv und queer?

Aber auch hier und jetzt funktioniert das sogenannte ‚queere‘ Beziehungsdrama nicht unbedingt einleuchtender als die Psychologie vor hundert Jahren. „Die Literatur liebt“ – so ein Rezensent über Nelsons Buch – „die Theorie, die Philosophie, unterwürfigen Sex und Fäkalien.“[45] Nun ja, ich weiß nicht, scheinbar ist das heute so, aber es klingt schon ein bisschen happig. Es ist wohl keine Erzählweise besser als die andere, so dass man sich fragt, warum es der Literatur trotz erheblicher Wandlungen nicht und wohl auch nie gelingen wird, das Beziehungsproblem – und vor allem das der Geschlechter – gut zu lösen. Aber bevor ich zur Frauenliteratur komme noch einen Hinweis zur weiblichen Identität wie sie die Psychoanalytikerin R. Golan eruiert hat.

---

[45] Cranach, v, X., Literaturbeilage, SPIEGEL, 30.9.17

Sie hat die Identität des originär-libidinös Weiblichen besonders gut beschrieben. Es geht um die ‚jouissance‘, die sie auch das ‚weibliche Genießen‘ nennt. Diese weibliche Form des Genießens – so schreibt sie – schließt auch Schmerz und Leid ein, „beinhaltet aber auch Universalität, Höhe, Grenzenlosigkeit, Erkenntnis / Erleuchtung, Wissen, Freiheit und Glückseligkeit".[46] Vielleicht bekommen wir hier also der Antwort auf die Frage, was das autochthone Genießen oder die ‚jouissance‘ per se ist, und wie Mann und Vater, Frau und Mutter daran teilhaben.

Es muss nicht unbedingt der intellektuell, literarisch beschriebene und sozialpolitische Feminismus a la Hustvedt oder de Beauvoir sein, oder eine der sadomasochistischen Visionen sein, wie es die christlichen Mystikerinnen so gut vorgemacht haben, wenn sie über „die süße Herzenspein" klagten, wie die heilige Theresa von Avila zum Beispiel. Immer stand das sich vor Sehnsucht zerreißende Herz im Vordergrund religiöser Mystik. Schließlich sah die Heilige Theresa recht häufig, wie „ein Engel mit einer Lanze ihr das Herz durchbohrte",[47] was freilich Anlass zu erotomanischen Deutungen gab, wenn sie erklärte, wie dieser gelockte, jünglingshafte Engel, die Lanze immer wieder vor- und zurückstieß.

Die Mystiker haben die Dinge, das Herz wirklich ‚gesehen‘, halluziniert, und dann haben sie versucht, dieses imaginäre Bild-Wirkliche mit dem mehr verbalen Wort-

[46] Golan, R. Loving Psychoanalysis, Karnak (2006)
[47] Theresa von Jesu, Die Seelenburg, Kösel 1973

Wirklichen (den inbrünstigen Gebeten, Anrufungen etc.) in Beziehung zu setzen und zu kombinieren. Damit haben sie an einer Grenze der Sprachlichkeit operieren können, waren aber dabei an die religiösen und mystischen Vorstellungen ihrer Zeit gebunden. Dies erwies sich letztlich als Hindernis. Auch bei der hl. Hildegard von Bingen geht es darum, „aus dem Intensivsten des Organismus über die Elemente einen Weg zum Extensivsten, dem Weltall zu bauen",[48] was ans Bild-Wirkliche erinnert! Ja, es „ordnet alle erklingenden Worte in sich, ehe es sie herauslässt", was wiederum ans Wort-Wirkliche denken lässt. Sie spricht von der „Grüne des Herzinnersten", der viriditas interioris cordis, einem Elixier, das mancher unserer heutigen Herzkranken gut gebrauchen könnte!

Keine Frage, all das klingt nach den ‚reichen, universalen Frauen' der damaligen Zeit, also nach dem, was die Frau damals über das banale Hausfrauen- und Familiensein hinaus verwirklichen konnte. Doch früher wie heute kann es einen Horror vor dem Realen der ‚jouissance' bzw. des autochthonen Genießens geben (wie ich es nenne), der schon in dem obigen von R. Golan genutzten Wort ‚Grenzenlosigkeit' angedeutet ist. Dazu ist es recht hilfreich sich in der modernen, queeren Frauenliteratur umzusehen. Dabei stehen Siri Hustvedts Bücher im Vordergrund, aber auch andere Texte von Frauen wie von V. Woolf, V. Despentes, E. Jelinek, S. Berg und anderen.

---

[48] Heidbreder, E., Psychomentaler Stress, Herz - Kreislauf 5 (1984), S. 231

5. Frauen- und queere Literatur

Ich muss nochmals zur universalen, zur ‚reichen Frau‘ zurückkehren, auch wenn es sie nicht gibt. Aber den ‚toten Vater‘ gibt es ja auch nicht, und doch ist er für die Theorie der Psychoanalyse entscheidend, denn es geht bei ihm vor allem um den Schuldkomplex. Die jungen Männer der Frühmenschgenerationen und später auch Ödipus fühlten sich ja schuldig an der Ermordung des Vaters. Dabei konnten sie alle nichts dazu, d. h. es geschah unbewusst. Beim theoretischen Dreh- und Angelpunkt der ‚reichen Frau‘ handelt es sich jedoch vorwiegend um die Schamkomplexe. Man fühlt sich also nicht schuldig, ist kein zur Sühne geforderter Täter, sondern man verfällt der Ausstrahlung und süchtig machenden Faszination dieser ‚Frau‘. Dafür wird man sich dann schämen, wenn nämlich diese Schwächen allzu offenkundig werden.

Im Allgemeinen treten Schuld-Schamkomplexe gemeinsam auf, aber schwerpunktmäßig gilt dennoch, dass man sich vor dem ‚toten Vater‘ nicht schämen muss und man sich an der ‚reichen Frau‘ nicht schuldig machen kann, wenn man ihr erliegt. Auch wenn in der Literatur von Frauen eine an die Psychoanalyse angelehnte Theoretisierung der ‚reichen, universalen Frau‘ nicht vorkommt, so geht es im weiter gefassten Sinn doch auch darum. In einem meiner früheren Bücher habe ich über die Literatur von Virginia Woolf und Virginie Despentes etwas geschrieben, was gut hierher passt. Ich fand es erstaunlich und kurios, dass das Leben, Begehren und Schreiben der beiden Schriftstellerinnen so unglaubliche Ähnlichkeiten und zugleich ebenso starke Gegensätze aufweist, wie man sie selten findet, wobei Despentes mit ihrer Favorisierung von Dragqueen und Homosexualität gerade die noch nicht so bekannten Seiten dieser ‚reichen, universalen Frau' zu sehen sind. Bei Virginia Woolf dagegen tobt sich diese psychologische Dreh- und Angelfigur wunderbar in ihrem lyrischen Schreibstil aus.

Es existiert also einerseits diese übersensible Virginia, die als Jugendliche von ihren beiden Halbbrüdern missbraucht wurde, was sie lebenslang nicht überwand und mit dem Satz „keine Freude mehr an ihrem Körper zu haben" kommentierte. Sie wuchs im gut situierten Intellektuellenmilieu auf und erlitt schon mit dreizehn einen psychischen Zusammenbruch. Auf der anderen Seite findet man diese urwüchsige Virginie, die als Jugendliche vergewaltigt wurde, dieses Ereignis aber ganz gegenteilig mit männlicher Härte wegschob und verdrängte, wie sie selbst sagt. Sie wuchs im Sozialistenmilieu auf, hatte ebenfalls mit fünfzehn einen Aufenthalt in der Psychiatrie, kam früh mit der Polizei in Konflikt und agitierte gegen alle Autoritäten.

Witzig, dass sie beide die ‚virgo', die Jungfrau, in ihrem Vornamen haben, wobei Virginia Woolf am liebsten eine solche geblieben wäre, während Virginie Despentes sich unbedingt beweisen wollte, dass sie eine solche Phase nie durchlebt hätte. Und während Virginia Woolf einen Mann heiratet, demgegenüber sie frigide bleibt und sich eine lesbische Neigung zu Vita Sackville West ergibt, wobei sie diese geliebte Freundin in dem Roman Orlando als eine vom Mann zur Frau verwandelte Figur darstellt, finden wir bei Virginie Despentes erneut eine gleiche und doch völlig gegensätzliche Beziehungsgestaltung. So heiratet Despen-tes einen Frau-zu-Mann Transsexuellen, die/der sich vielleicht – wenn überhaupt – ein ‚Penoid' hat operativ erstellen lassen, mit dem es wohl kaum eine befriedigende Sexualität geben konnte, von der sie gerne schwärmt. Sie ließ sich nach einigen Jahren scheiden und outete sich dann mit fünfunddreißig Jahren ebenfalls als lesbisch.

Beide Frauen waren im Feminismus engagiert, wobei Virginia sich hauptsächlich um die Gleichstellung von Mann und Frau, um mehr Frauenrechte mittels ständiger sozialer und literarischer Provokation bemüht (speziell in ihrem Buch ‚Three Guineas'). Sie war Mitbegründerin der Bloomsbury Group von Künstlern und Literaten. Virginie versucht es dagegen mit schockierendem Links- und sogenanntem ‚Pro-Sex-Feminismus. Sie behauptet ein ‚kollektiv unterbewusstes Patriarchat' unterdrücke alles sexuell Weibliche, wird für mehrere Jahre Prostituierte, setzt sich für Pornographie ein, prahlt mit Kontakten zu angeblich begeisterten Pornodarstellerinnen, sagt, dass sie bevorzugt schwule Männer liebt und dass sie will, dass die Frauen Kerle sind und die Männer Nutten und Mütter. Na ja, alles ist präsent – fast wie bei der ‚reichen Frau'.

Schließlich findet sich das gleiche Phänomen von Ähnlichkeit und Divergenz beider Frauen auch in der Literatur. V. Woolf schreibt in ihrem Buch ‚Die Wellen' (The Waves) über sechs Protagonisten (drei männliche, drei

weibliche) in einer fast lyrischen Form, in der hauptsächlich die Stimmen, Aussagen und Selbstgespräche dieser
sechs Personen vorkommen. „Ich liebe, sagte Susan, und
ich hasse. . . Meine Augen sind hart. Jinnys Augen sprü-
hen in tausend Lichtern. Rhodas Augen sind wie die blas-
sen Blüten, zu denen abends die Nachtfalter kommen. . .
Aber wenn wir dicht beieinander sitzen, sagte Bernard,
verschmelzen wir miteinander durch Phrasen. Wir sind
vom Dunst umrandet. Wir bilden ein ungreifbares Gebiet.
. .[und viel später] . . Eine gute Phrase scheint mir ein
unabhängiges Dasein zu besitzen. Doch glaube ich, dass
die besten wahrscheinlich in Einsamkeit zustande kommen."[49]

Dass gute Phrasen ein unabhängiges Dasein besitzen,
könnte von Lacan stammen, bei dem ja das Wort-
Wirkliche die Psychoanalyse dominiert. Und wenn es gut
ist, dieses Wort-Wirkliche, dann weil es eben auch Bild-
Wirkliches mit sich führt, was bei Virginia Woolf zum
Standard gehörte. Ihre Metaphern sind ständig von Natur-
Tier-Landschafts-Licht-Lächeln und ähnlichen Allego-
rien durchzogen, und wie gerade gezeigt, leben hier in
erster Linie die Worte, die Sätze, die sprachlichen
Rhythmen, die ebenso ideal die weiblichen Libido-
Wellen abbilden. Die wissenschaftliche Mitarbeiterin für
Frauenstudien an der Uni Bielefeld stellt in ihrem Buch
‚Woolf mit Lacan' einen Zusammenhang der Texte im
Buch ‚Die Wellen' und der Psychoanalyse Lacans her.[50]

---

[49] Woolf, V., Dier Wellen, Suhrkamp (1964) S. 15
[50] Müller, M., Woolf mit Lacan, Der Signifikant in den Wellen,
Aisthesis Verlag (1993)

Sie zeigt, wie sich die Romanfiguren durch Sprechen konstituieren und wie Ich-Bildung und Libido einander bedingen und verhindern.

Laut Lacan ist die Libido ein Organ, das nur als reiner ‚Lebensinstinkt‘ existiert, also nicht biologisch ist, weshalb sie in Woolfs Romanen rein durch ‚Phrasen‘ äußerst lebendig werden kann. Alles existiert durch das wunderbare Wort, durch das Spiel zwischen Identität und Differenz, Selbstauflösung und signifikantem Ich-Sein. Virginias Libido ist ‚desexualisiert‘ wie Freud es nannte, sie schließt sich im Körper der Frau zum Kreis, drängt nicht ständig nach außen, wie es beim Mann meistens der Fall (der Phall, um ein Wortspiel zu gebrauchen) ist. Virginia wäre fast die ‚reiche Frau‘, hätte sie es verstanden, ihren Reichtum auch libidinös auszuspielen.

Bei Despentes dagegen wird das Organ Libido bis zum Geht-Nicht-Mehr biologisch-körperhaft beschwört, es wird in ihren Büchern durch Sex und Porno, durch männliche Aggressivität und weibliches Dagegenhalten zelebriert. Die Autorin geht dabei in ihren neueren Büchern zunehmend auf die sozialen Randbezirke, auf Ausgegrenzte, von staatlichem Unverständnis Zerstörte und um ihre geschlechtlichen Identitäten wild kämpfende Individuen in dramatischer Form ein. Dabei gelingt ihr durchaus eine ebenso rhythmische Tonart wie ich sie bei Virginia Woolf herausstellte, wenn sie auch wesentlich vulgärer klingt. Sie kann nicht Dichterin sein wie Virginia Woolf, sie schreibt journalistisch. Sie zelebriert nicht die zarten Seelen, sondern schreibt vom ‚Unterbewussten‘ (also nicht vom Unbewussten, wie es der Sprachgebrauch vorsieht, sondern vom Seelischen ‚Unten‘), vom Perversen.

So gesehen kann ich ein Resümee ziehen: auf beide Frauen trifft die noch unreife Struktur einer unbewusst infantilen Position zu, im Geistig-Literarischen bei Virginia, und im Literarisch-Obszönen bei Virginie. Woolf geht zu weit in den ausufernden Phantasien und Selbstgesprächen, denen sie selbst anhing und denen auch ihre Protagonisten speziell in dem Buch ‚Die Wellen‘ intensiv nachgehen. Dreihundert Seiten Sonne, Wind, Lispeln der Blätter, Taumel der Liebe und des Rauschens der Wälder überhäufen sich in zu langatmigen Sentenzen. Despentes dagegen hofft, dass die Subjekte sich durch ihre markigen Schilderungen vom abgründigen Sex und Sozialabstieg in ihren Diskurs hineinziehen lassen, der z. B. in dem neuesten Buch ‚Vernon Subutex‘ aus einem Stakkato und einer Suada von Vulgär- und Fäkalsprachlichem, aus Drogen, Perversion und Porno besteht.

Es fehlt bei ihr die Möglichkeit für das an dem Leben dieser Frauen teilnehmende menschliche Subjekt, ein eigenes, vielleicht Libidinös-Literarisches zu finden, mit der die unbewussten Positionen weiter überwunden werden können. Natürlich glauben beide Schriftstellerinnen, dass sie ein Art Gegensprache zur Alltagsnormalität gefunden haben, in der eben alles authentischer, kontrapunktischer herüberkommt und sich ein recht originelles *Strahlt / Spricht* einstellt. Was ich an biographischem Material einsehen konnte, haben beide schlechte Beziehungen zu ihren Müttern gehabt. Umgekehrt wie im Ödipuskomplex spielt nicht der Todeswunsch gegenüber dem Vater die wichtige Rolle im Seelenkomplex, sondern der Hass auf die dem überhöhten Liebesanspruch der beiden Lesbierinnen nicht genügenden Mütter.

Sie stecken im Identitätskampf mit der ‚reichen Frau‘. Der intellektuelle bzw. sozialistische und libidinös ‚kastrierte‘ Vater – also sozusagen ‚tote Vater‘ – aber wird geliebt. ‚Kastriert‘ deswegen, weil sich beide Frauen nur schwer den Vater als sexuell aktiven Mann hätten vorstellen können, aber als bohemienhafte Statue, als freundlichen Gesprächspartner, als asexuelle Figur, als einen Heros en titre, konnten sie ihn schätzen. Vielleicht liegt hier auch Siri Hustvedts Problem, nämlich dass ihr Vater als Professor für norwegische und amerikanische Geschichte eine angesehene und würdig-stattliche Gestalt war, er aber irgendetwas Libidinöses widerspiegelte, das ominös erschien. Aber man kann das Ominöse ausblenden, und dann erscheint der Vater verherrlicht wie eine Statue. Ich komme darauf noch zurück.

So durchzieht auch die Darstellung der beiden gerade geschilderten Schriftstellerinnen die mehrfach von mir erwähnte und scheinbar unüberbrückbare Spaltung, die ich – rein formal, rein „kristallin-linguistisch“ – für so wesentlich halte, und sie gleichzeitig in der Form des *Strahlt/ Spricht* mit der Methode der *Analytischen Psychokatharsis* nutzen möchte. Die ‚jouissance feminine‘, das autochthone Genießen, vergeudete sich in Woolfs Kunst-, Kultur-, Literatur- und Jenseits-Liebe, während Verginie Despentes gar nicht weiß, dass es sie gibt. Dagegen setzt sie auf das Geschlechtsverhältnis, von dem Lacan auf jeder dritten Seite seines Werkes sagt, dass es – wie oben schon mehrfach angedeutet – logisch sagbar, definitiv aussag- und schreibbar eigentlich nicht existiert.[51]

Hinter ihrer fetzigen Pornosprache vermutet man jedoch einerseits die auch für Virginia Woolf zutreffende Sehnsucht nach intakten, reichen, intensiven und doch auch harmonischen Beziehungen, nach liebevoller Familie, andererseits aber auch die Ahnung, dass es so etwas wie ein autochthones Genießen geben muss, die den äußerlichen Beziehungsmangel kompensieren könnte. Virginie Despentes nach muss man in die unzüchtige Vollerotik nur noch tiefer, extremer und gewalttätiger eindringen, um an das Allerletzte dieser Trink-, Rauch-, Anarchie- und Sexualgenüsse zu kommen, und wohin sollte man damit durchbrechen, wenn nicht auf die Rück- und Gegenseite der gleichen Medaille, wo der allerlieblichste Zauber, die Aura des himmlischsten Geistes Virginia Woolfs thront, delirierend in ihren Metaphern.

Die Medaille besteht im zu starken Liebesanspruch, weshalb das autochthone Genießen verfehlt wird. Denn dieses ist von sich aus schon Liebe, Liebe zu sich selbst als *Anderen*, vollständige und doch abgeschminkte Liebe. So

---

[51] V. Despentes hat recht, wenn sie sagt, wir verdrängen das alles, speziell das, was sie zeigt. Es gibt jedoch in der Psychoanalyse auch eine ‚gelungene Verdrängung', eine Art des gesunden Vergessens. Ich z. B. möchte nicht mehr an die Schandtaten meiner Jungmännerzeit erinnert werden, ich bin froh, sie verarbeitet zu haben. Also warum sollte ich von ‚Vernon Subutex' mehr als ein paar Seiten lesen? Alles schon abgehakt.

etwas existiert nicht in Sybille Bergs neuestem Buch GRM, Brainfuck, bei dem schon der Titel provozierend klingen soll. In der ZEIT vom 18. 4. 2019 schreibt die Literaturkritikerin U. März, dass „die Geschichte um vier Kinder aus der Unterschicht, die alle an ADHS, Autismus und der ihnen zugefügten Gewalt leiden, nicht nur zum Besten gehört, sondern auch zum Bösesten, was deutschsprachige Gegenwartsliteratur derzeit zu bieten hat. . . Wenn ihr Berg von Macheten-Attentätern, aus dem Mutterleib gerissenen Embryonen, Sexsklavinnen und Vergewaltigergangs in einer Welt erzählt, in der die britische Wirtschaft von chinesischen Firmen beherrscht und der Mensch überall überwacht wird, erkennt die Kritikerin bei aller ‚Monstrosität' den Gegenwartsbezug".[52]

Gegenwartsbezug? Die Greuel des Zweiten Weltkriegs waren auch nicht schlecht, und sind sie nicht noch Gegenwartsbezug oder haben wir sie nur schon wieder vergessen? Und das Mittelalter hat Ähnliches zu bieten, und doch ist die Sybille Berg der ‚reichen Frau' nicht fern, die seltsamer Weise oft als so eine sexistisch rasende Mänade geschildert wird, obwohl sie auch Madame, Virtuosin und Bundeskanzlerin sein kann. Schwer zu sagen, um was es geht, das Bild-Wirkliche übertrumpft so stark das Wort-Wirkliche, so dass kein Konnex zwischen den beiden mehr zu finden ist. Die Zeitung DIE WELT dagegen schreibt zum Buch der Autorin: „Das Ganze ist so düster, dass sich die Rezensentin am Ende fragt, wer das freiwillig lesen soll." Wir wollen doch von den Frauen die

---

[52] März, U., Ein Buch wie ein Sprengsatz, ZEIT online, 18.4.19

‚jouissance' lernen und nicht die Geräusche der Mord-
lust, oder? Nein, beides ist notwendig.

Von den Schriftstellerinnen des zwanzigsten Jahrhunderts
wären noch viele weitere zu erwähnen, die außer ihrer
Literaturfähigkeit noch so ein bisschen Kultfiguren,
Mondänitäten, Aufreger oder gesellschaftliche Besonder-
heiten waren. Man könnte leicht noch George Sand, Jane
Austen, Emelie und Charlotte Bronte, die Reventlow,
Ingeborg Bachmann und zahlreiche andere Autorinnen
erwähnen, um klar zu stellen, wie weit sie der ‚reichen,
universalen Frau' nahe gekommen sind. Am zutreffends-
ten erscheint mir jedoch Elfriede Jelinek zu sein, deren
Spannbreite von bürgerlichen Fähigkeiten auf der einen
Seite und emanzipatorischem Gewinn auf der anderen
enorm ist. Die Mutter zählte zum Großbürgertum, der
Vater musste als sogenannter ‚Halbjude' viele Probleme
im Dritten Reich durchstehen und war schon in den Kin-
derjahren Elfriede Jelineks psychisch schwer gestört.

Während sie selbst im katholischen Kindergarten und
dann in einer Klosterschule aufwuchs, lernte sie auch
früh Musikinstrumente spielen und bekam entsprechende
Ausbildung. Sie erkrankte jedoch ebenfalls psychisch und
kam zu Prof. Asperger in die Wiener Uniklinik. Asperger
war nicht nur der Erstbeschreiber der nach ihm benannten
Autismusform, er soll auch Kinder in die Anstalt ‚Am
Spiegelgrund' eingewiesen haben, wo Kindereuthanasie
betrieben wurde. Es war also sicher nicht so toll dort zu
sein. Elfriede Jelinek studierte Kunstgeschichte, musste
diese aber erneut wegen einer Angsterkrankung abbre-
chen. Erst nach dem Tod des Vaters Ende der sechziger

Jahre und mit der Beteiligung an der 68-Revolte fand sie – wie man so sagt – zu sich selbst.

Jetzt trat sie in die kommunistische Partei Österreichs ein und schrieb ihr ersten Bücher, so den marxistisch-feministischen Roman ‚die liebhaberinnen‘. Mit den Werken ‚Die Klavierspielerin‘ und ‚Lust‘ wurde sie zur weiblichen ‚Pornographin‘ stilisiert und bleib weiterhin die Agonistin gegen die NS-Verdrängungsmaschinerie Österreichs. Um so erstaunlicher, dass sie 2004 den Nobelpreis für Literatur erhielt, was weltweit Proteste auslöste und was es ihr auch unmöglich machte, diesen Preis persönlich in Stockholm entgegen zu nehmen. Es lag aber wohl auch eine Hemmung bei ihr vor, den ehrwürdigen alten Herren des Nobelpreiskomitees gegenübertreten zu müssen, und eine stramme Rede ohne deftiges Vokabular vor zahlreichen internationalen Gästen zu halten. Die ‚reiche, universale Frau‘ hätte einen Skandal ausgelöst.

In der ZEIT online vom 4. 11. 83 ist folgender Kommentar zu lesen:[53] *Nicht erst seit ihrem jüngsten Roman "Die Klavierspielerin", der Vivisektion einer Mutter-Tochter-Beziehung und zugleich Zerstörungsgeschichte der weiblichen Sexualität, gilt die 37jährige Wiener Autorin als Hass-Spezialistin. Ihre Literatur sei Lesefolter, findet die Kritik, und ihr Publikum neigt dazu, von der Bösartigkeit des Geschriebenen auf eine Bösartigkeit der Schreiberin kurzzuschließen: Man hält sie für unmenschlich, lieblos und zynisch, weil sie die Unmenschlichkeit und Lieblosigkeit so zynisch beschreiben kann. Auch der Extremis-*

---

[53] Löffler, S., Spezialistin für den Hass, ZEIT online, 4. 11. 83

mus der Schilderungen und die Zotigkeit der Sprache –
die etwa Männern wie Heiner Müller, Henry Miller oder
Jean Genet ohne weiteres zugestanden werden – können
bei der Frau Jelinek nicht toleriert werden.

„Irgendwann schreibe gar nicht mehr ich, sondern es
fängt an, mich zu schreiben", sagt Jelinek. Schreiben als
Selbsttherapie, Schreiben als Ersatz für Psychotherapie.
"Eigentlich war ich immer in Behandlung. Ich hatte ins-
gesamt vier Psychiater. Meinen ersten Psychiater habe
ich schon mit sieben Jahren verschlissen. Ich war ein
Einzelkind unter extrem belastetem Familienverhältnis-
sen, von der Pathologie des Vaters her und von der
schlechten Ehe der Eltern her.". . Sie habe die elterlichen Konflikte in der eigenen Seele ausgetragen. Der
Vater sei ein zerstreutes Genie gewesen, zugehörig "dem
slawisch-depressiven, jüdischen Kulturkreis". Er starb in
geistiger Zerrüttung, "das tragischste Wesen, das mir je
untergekommen ist", und hinterließ der Tochter die le-
benslange Angst vor dem Wahnsinn als dem nahe und
fürchterlich Bekannten. . . .

Sie war von der Mutter zum altklugen Wunderkind dres-
siert worden, hatte als Zwei-, Dreijährige fast gleichzeitig Ballett tanzen wie gehen gelernt, hatte mit acht Jahren das Geigenstudium und mit dreizehn das Orgelstudi-
um begonnen . . . Sie wurde im Bewusstsein der Außer-
gewöhnlichkeit und Exklusivität erzogen, überzeugt von
der Kostbarkeit und Besonderheit der eigenen Wahrnehmung. Sie fühlte sich . . . . von der praktischen Lebens-
tüchtigkeit ihrer Mutter wie erschlagen. Mit achtzehn
brach sie zusammen, konnte ein Jahr lang vor Angst

nicht aus dem Haus gehen: "Ich war in einem entsetzli-
chen Zustand. Ich war wirklich total kaputt. . . . "

Elfriede Jelinek, kommunistisch und Weltdame zugleich,
stellt somit eine Frau mit großer Spannweite, mit enormer
Vielschichtig- und Vielseitigkeit dar, die auf jeden Fall
der ,reichen, universalen Frau' sehr nahe, wenn sie sie
freilich auch nicht ganz erfüllt. Insofern hat Lacan schon
recht, dass es d i e nicht gibt; die Frau, die alle repräsentiert. Doch für eine Theorie der Psychologie des Unbewussten ist dies ja nicht immer nötig. Immerhin ist die
,reiche Frau' im Gegensatz zum ermordeten Vater der
Freudschen Urhorde oder dem Vater von Ödipus lebendig,
d. h. sie wird von vielen Frauen und speziell von den
Literatinnen gerade noch so am Leben erhalten, dass man
sich mit ihr auseinandersetzen muss. Sie fordert jeden
heraus, Mann oder Frau. Sie weckt, polarisiert und gibt
Anregungen zu allen möglichen Bereichen des Lebens,
kulturell, wissenschaftlich, allgemein.

Und vor allem: sie gibt Anlass sich zu schämen, wenn
man sie derartig verunstaltet (z. B. als vollverschleiert
oder nur als Hausfrau am Herd), missbraucht (z. B. als
Sexualobjekt oder Showgirl), ausbeutet (als minderwertig
in schlecht bezahlten Berufen, etc.). Vielleicht hat auch
Elfriede Jelinek den Vater zuerst positiv gesehen und
musste dann seinen Absturz erleben, während gleichzeitig die Mutter als unnahbare Ikone über ihr stand. Wie
auch immer, so wenig wie wir dem ,toten Vater', dem
,Eigennamen', dem Alpha und Omega nicht ganz aus-
kommen und an ihm unsere Schuldkomplexe abarbeiten
müssen, so sehr brauchen wir die Gestalt, den Spiegel,

die mythische Universalität der ‚reichen Frau‘, um unsere Schamkomplexe zu erfahren und zu bewältigen.

Wir benötigen die Frauenliteratur, denn Goethe kann uns nicht mehr helfen, der am Ende seines ‚Faust‘ das „ewig Weibliche" als das bezeichnet hatte, das „hinanzieht", also hin- und an-zieht, was gar nicht so nach Erhebung klingt, wie er und nach ihm viele andere vielleicht gemeint haben. Das weibliche Genießen besteht also nicht so sehr in der Abreaktion eines Genusses, wo nur hin- und angezogen wird, und es ist auch schwer zu sagen, wo und wie es verschiedentlich realisiert wird. Ich erinnere nochmals daran, dass Lacan stets betonte, wie wenig die Frauen dieses ihnen ureigene Genießen zu schätzen wissen und eher gering achten. Sie empfinden es, wissen es aber vielleicht nicht definitiv oder logisch zu sagen und so bleibt das ihnen zugehörige Genießen meist auf der Strecke, auch wenn neben den modernen Schriftstellerinnen die Ergüsse einer Mechthild von Magdeburg oder der Heiligen Theresa von Avila und noch einiger anderer zweifelsohne eine Bedeutung hinsichtlich der ‚jouissance‘ haben.

6. Scham/Schuld-Komplexe

Dass man über zwei Dreh- Angelpunkte für die Theorie des Unbewussten verfügt, ist nicht unbedingt von Vorteil. Einmal darüber zu lesen, dass für d i e Frau mehr der Schamkomplex zuständig ist und für den Mann, die Theorie des ermordeten, ‚toten Vaters' und dem darin eingepackten Schuldkomplex, mag ja noch angehen. Aber sich damit in der konkreten Praxis zu beschäftigen, würde auch viel Verwirrung stiften. Ohnehin kommen Scham und Schuld in ihrer komplexhaften Form wie betont meist zusammen vor. Von der Schuld den eigenen Vater umgebracht zu haben noch schwer getroffen, sticht sich Ödipus die Augen aus, weil er sich auch so sehr schämt, im Inzest mit der Mutter vereint gewesen zu sein. Scham hat mehr mit dem Bild-Wirklichen, Schuld mit dem Wort-Wirklichen zu tun.

Große Literatur darüber gibt es genug, so z. B. Shakespeares Hamlet, der von Tennyson als das „größte aller literarischen Werke" bezeichnet wurde. Hamlet hat es nie gegeben, auch wenn die Geschichte auf eine geschichtlich reale Vorversion des frühen Mittelalters zurückgreift. Aber Hamlets Name ist Symbol für ein besonderes *Strahlt / Spricht*, für eine literarische *Singularität*. Denn Hamlet ist nicht er selbst. Er ist der absolute Sohn, der „fils-père" wie die Franzosen sagen, das Vater-Söhnchen, das nicht seine eigene Zeit und Identität lebt, sondern die seines Erzeugers. Es ist überhaupt nicht einzusehen, warum er so gegen seine Mutter und seinen Oheim wüten muss. Es heißt, dass der Vater in „seiner Sünden Blüte" gestorben sei, wohl umgebracht vom eigenen Bruder, der dann sofort Hamlets Mutter geheiratet hat. Das klingt natürlich nach einem Komplott, und Hamlets Vater suggeriert ihm dies ja auch noch als Geist aus dem Totenreich. Doch es könnte ja auch gut so sein, dass man mehr oder weniger zurecht den alten, offensichtlich fehler- und sündenbehafteten, Herrscher beseitigen musste, weil der Staat sonst hätte zugrunde gehen können.

Aber psychologisch ist deutlich, dass Hamlet sehr stark Ödipus ähnelt. So ist klar, dass Hamlets Mutter Gertrude mit Claudius, dem Bruder ihres Mannes, ein Liebesverhältnis hatte, und Claudius seinen Bruder aus Machtgier und Eifersucht tötete, der Tote dann (klassischer Fall vom ‚toten Vater‘) seinem Sohn also als Geist erschien und ihn zur Rache aufforderte. Tatsächlich ist die Beziehung Hamlets zu seiner Mutter von einer eigenartigen Intimität gekennzeichnet, er zögert ewig lange, seinen Onkel umzubringen. Gertrude passt als Königin, femme fatale, Spielerin um die Macht, Liebhaberin etc., gut zur ‚reichen, universalen Frau‘.

Man hat Hamlet in immer groteskeren Formen als schizotypisch persönlichkeitsgestört vorgestellt, er sei, so Goethe, „von der Blässe des Gedankens angekränkelt" gewesen, also schwach, blutleer, introvertiert. Doch in Wirklichkeit zieht er sein Ding durch bis zum Ende. Er ist nicht antriebsarm, schon bevor er zielbewusst sein Werk mit der Tötung seines Onkels vollendet, ersticht er blitzartig, impulsiv Polonius, den Vater Ophelias hinter einer Wandtapete. Hamlet ist nicht nur von Freud, sondern auch von vielen Kommentatoren mit Ödipus verglichen worden, obwohl die Geschehnisse fast wie nach einem Rollentausch, also verkehrt herum aussehen.

Doch verkürzt lassen sich alle Beschreibungen auf den ödipalen Konflikt zurückführen, Nun ist Rache eigentlich nur die Umkehr der Schuld. Indem Hamlet den Bruder seines Vaters töten will, beseitigt er den Mann neben seiner Mutter, neben der er dann selbst als König hätte stehen können, so wie der unbewusst inzestuöse Ödipus neben Iokaste. Den Onkel und Stiefvater zu töten lässt Hamlet aber auch schuldig werden, der nur im eingeengten Sinne ein braves Vatersöhnchen ist, das dem Vater noch in dessen abstrahierter Form als Geist gehorcht. Aber speziell die überbraven Vatersöhne hecken im Verborgenen die schlimmsten Patrizide aus. So ist ja auch Ödipus ein besonders rücksichtsvoller, nachdenklicher Typ, der extra seinen Ziehvater Polybos in Korinth verlies, um nicht in die Versuchung zu kommen, ihn – wie vom Orakel geweissagt – zu töten. Doch damit kam er gerade in die Nähe seines wirklichen Vaters und seiner Untat.

In seinem Buch ‚Die vaterlose Gesellschaft' zeigte A. Mitscherlich, dass wir alle – wenn auch nicht direkt und real – die eigentlichen Väter verwerfen. Wir missachten sie, weil sie manchmal überstreng, bizarr und egoistisch sind, aber sie total auszulöschen erniedrigt einen auch selbst. So war auch Lacan zwar kein Vatermörder, aber er erzählte einmal seinem Lehranalytiker, dass er gerade auf der Fahrt zu ihm mit seinem kleinen Citroën 2CV einem Lastwagen die Vorfahrt genommen habe. So spielte er also auch auf den kleinen Ödipus an, der es dem Vater zeigen will, wer vorher kommt und stärker ist. Und der (Löwenstein, Lacans Lehranalytiker) ließ sich tatsächlich vorführen, indem er die Anspielung auf den Vater/Sohn-Konflikt nicht erkannte und nichts dazu sagte. Hatte er die Parallelität zum Ödipuskonflikt nicht bemerkt, oder hat er die Allusion erkannt und zu spielerisch gewertet?

Ähnlich, nur umgekehrt erging es mir, als ich schon nach dreißig Stunden Lehranalyse meinem Lehranalytiker sagte, ich sei jetzt wohl genug analysiert und ausgebildet, was er mir als bösen Akt, ihn wie Ödipus von seinen legalen Sockel zu stürzen, hätte auslegen müssen. Doch er verwies nur nüchtern auf eine irgendwie institutionell höher festgelegte Stundenzahl und ich erkannte mein patrizides Vorhaben selbst erst viel später. Offensichtlich wollte ich schon viel früher als es gut gewesen wäre ins Paradies namens Psychoanalyse gelangen, um dort in der ‚jouissance' zu baden, die die zur alle gemachte Frau oder der tote Vater Freud bereithält. Aber es wäre eine fatale Enttäuschung gewesen, Auch Hamlet konnte nicht gewinnen, bei Shakespeare sterben am Ende seiner Dramen meist alle Schauspieler an ihren Scham-Schuld-konflikten.

Und so müsste man statt dem ‚toten Vater' und der ‚reichen Frau' ein drittes, übergreifendes Element zum Angelpunkt aller Erörterungen machen, die Null zum Beispiel oder das Nichts oder das, ‚was es vom EIN gibt'. Damit aber das Nichts zum Zug kommt, muss man es in eine Formulierung kleiden, die Sprache ist, aber nichts sagt. Gilt nicht die weibliche Sprache oft als eine ohne Worte? So etwas versucht passend zu dem Vorkapitel über die Frauenliteratur der Autor T. Meinecke, der sich als Feminist und Anhänger des ‚weiblichen Schreibens' bezeichnet.[54] Doch die Sache wird schnell klar, Meinecke glaubt, er kann den Mann vergessen, wenn er feministisch schreibt und betont, dass das Physiologische nicht das Geschlecht bestimmt, sondern das Soziale.

Doch er verwechselt das Soziale mit dem Unbewussten und beruft sich auf die ‚Genderstudies' der feministischen Philosophin Judith Butler. Nun hat der Psychoanalytiker und Matriarchatsforscher E. Bornemann schon vor vierzig Jahren das Gleiche versucht. Er schrieb: „Wieso schreibe ich als Mann eine solche Fibel, die der Frau die Argumente zum Sturz meines eigenen Geschlechts liefert?"[55] Das klingt freilich trickreich. Denn wie Meinecke glaubte er durch eine derartige Argumentation als das anerkannt zu werden, was er eigentlich sein wollte: ein Wissenschaftler, einen, den man dann eben auch als Mann ernst nehmen muss. Wenn man ‚weiblich schreibt', wenn man sich als Feminist verkleidet, so das Motto, dann ist man aus dem Schneider, dann ist man als Frauenversteher bestätigt. Doch die wahren Feministinnen nehmen das niemanden ab.

All dies erinnert auch etwas an die sogenannten matrizentrischen Gesellschaften (angeblich ein besserer Ausdruck als matriarchal), wo umgekehrt zu der gerade er-

---

[54] Interview in der SZ vom 16. 5. 2029, S. 17 mit dem Titel: Sexualität ist immer noch ein Knast.
[55] Bornemann, E., Das Patriarchat. Ursprung und Zukunft unseres Gesellschaftssystems, S. Fischer ()1975

wähnten verkleideten Männern „die Frau Prophetin, Priesterin, Richterin, Medizinerin, Königin und Göttin war".[56] Das Letzte war vielleicht zu viel des Guten, denn im sogen. Patriarchat waren die Männer nie Gott selbst, den hatten sie geschickter Weise ins Jenseits entrückt und konnten so Andriarchate, Männerherrschaften bleiben. Und auch die matrizentrischen Gesellschaften waren wohl keine „Liebeskulturen par excellence, in denen es keine aggressiv zu lösenden Widersprüche gab, denn . . . das männliche Prinzip war ganz und gar eingebettet in ein weibliches Universum".[57]

In ihrem mehrbändigen Werk „Das Matriarchat" wendet sich Göttner-Abendroth vor allem gegen die durch männliche Vorurteile entstandene Matriarchatsforschung, die sogar häufig behauptet, es hätte so etwas wie eine lange dauernde Epoche matriarchaler Kulturen gar nicht gegeben.[58] Und sie wendet sich ebenfalls gegen jenen letzten Dreh mancher Matriarchatsforscher, sich durch eine Art von Selbstbezichtigung aus der Affäre zu ziehen wie gerade von Bornemann zitiert. Solches Vorgehen – den Frauen anzubieten, die Männlichkeit zu opfern, um sich als Wissenschaftler zu behaupten – durchschaut Göttner-Abendroth und will eine „autonome Formulierung i h r e r Weltsicht [der weiblichen] und Geschichtsdeutung".

---

[56] Gould-Davis, E., Am Anfang war die Frau, München (1977) S. 346

[57] Göttner - Abendroth, H., Die Göttin und ihr Heros, Verlag Frauenoffensive (1980) S. 6

[58] Göttner - Abendroth, ., Das Matriarchat, Bd. I, Kohlhammer (1988)

Das kann man verstehen. Aber wenn Göttner-Abendroth an diese Stelle das Wort „autonom" setzt, ist das nicht weniger heikel. Wenn er als Mann schreibt, fühlt sich die Frau natürlich in ihrer Autonomie bedroht, aber hat sie das Wort Autonomie nicht vielleicht gerade von ihm? Von ihm, wenn er wissenschaftlich zu sein versucht?

C. Meier-Seethaler sieht das in ihren Untersuchungen zum Thema Matriarchat so: Schon der früheste Totemismus hat nichts zu tun mit einer patriarchalen Tabugeschichte, sondern ist Ausdruck einer „Naturverwandtschaft" aller lebenden Wesen, „es gibt keine gesonderte Erschaffung des Menschen, sondern nur die ganzheitliche Schöpfung eines ʻNaturgeschlechts', auf dessen verzweigtem Stammbaum alle Wesen genealogisch und emotional miteinander verbunden sind".[59] In den matrizentrischen Clans geht es locker und liebevoll zu, meist herrscht extreme Polygamie vor und die – wohl patriarchalen – Europäer konnten sich anfangs „nicht vorstellen, weshalb es nicht zu Eifersuchts-szenen zwischen mehreren Frauen und mehreren Männern kommt". Wirklich?

Die Forschungen des Evolutionsbiologen und Ethologen Eibl-Eibesfelds ergaben, dass in den noch matrizentrischen heutigen Gesellschaften nach dem Thema Essen das zweite Thema Eifersuchtsgeschichten sind. Zumindest geredet wird also viel davon – dann scheint es doch auch irgendeine Form des Seins zu haben? Gerade in solchen noch frühsozialen Gesellschaften, wie es zum

---

[59] Meier - Seethaler, C., Ursprünge und Befreiungen, Fischer (1992) S. 95, 140, 122 und 248

Beispiel auch heute noch die Himbas im heutigen Namibia sind, gelten vor allem strenge, affektregulierende Verfahrensweisen. Dies zeigte auch die Ethnopsychoanalyse von A. Köhler-Weisker bei diesem Volk.[60] Die Analytikerin stößt dabei bei den langen Gesprächen mit einer jungen Himbafrau auf die Homoerotik in Form der Gegenübertragung, indem sie selbst Gefühle für deren anmutigen Körper und deren naturverbundene Bewegungen und Emotionen entwickelt. Das Ganze wird zur latenten bis halb-manifesten Homophilie, die also nicht ausgelebt, aber ganz deutlich im Spiel ist. Sie stellt das Selbstelement dar, das den Einstieg in die Ethnopsychoanalyse affektiv und auch deutungsmäßig ermöglicht.

Weisker-Köhler stellt manchmal die falschen Fragen, wenn sie ihre Analysandin auf ganz individuelle Gefühle anspricht. Ähnlich wie bei vielen Primärvölkern, z. B. den Iatmul, sind solche Emotionen auch bei den Himbas tabu oder werden nur sehr beschämend erfahren, so dass man darüber nicht reden will und kann. Dennoch diskutiert die Autorin den Aspekt einer ‚Zwischenleiblichkeit‘, die eben über die übliche rein soziale Intersubjektivität hinausgehen soll und die man transkulturell entwickeln müsste, um – in meiner Sprache – das Bild-Wort-Wirkliche ins Spiel zu bringen. Auch die Realität der letztendlichen Trennung glaubt die Autorin durch den ‚gegenseitigen Verinnerlichungsprozess‘, in dem die westliche Frau von den körpernahen und wenig ausge-

---

[60] Köhler-Weisker, A., Gespräche unter dem Mopanebaum, Ethnopsychoanalytische Begegnungen mit den Himbanomaden, psycho-sozial-Verlag (2015)

prägten Abgrenzungen der Himbas untereinander ihre latente Homoerotik und eine fast familiäre Verbindung erfahren konnte, überbrücken zu können.

Sie kann die verdrängte ‚Trennungswut' der Himbafrauen herausarbeiten, die ein Verlassenwerden vcn Eltern und Lebenspartner nur schwach betrauern und ihre Empörung und den Zorn darüber nicht herausschreien dürfen. So etwas könnte auch bei uns hilfreich sein, denn auch in unserer Gesellschaft wird dem Einzelnen nicht immer bewusst, wie oft er eigentlich über Trennungen wütend ist. Die Himbafrauen kompensieren die mangelnde Trennungsverarbeitung durch Beziehung zu einem Liebhaber, wenn die Männer lange Zeit und weit entfernt die Rinderherden weiden. Dieser Schein-Ehebruch ist gesellschaftlich sanktioniert, auch wenn der Liebhaber sich nicht direkt erwischen lassen darf. Er muss sich also so benehmen wie es auch Descartes bei der Königin Christina tun musste, nämlich vor Tagesanbruch aus dem Liebesnest verschwinden.

Ähnlich verhält es sich bei den Moso, einem matrizentrisch lebenden Volk im Südwesten Chinas. Es sei schwer zu sagen, wer wirklich dominiert, die Männer oder die Frauen, schreibt die Ethnologin C. Mathieu.[61] Doch der Mutter zuwider zu handeln, führt zu erheblichen aggressiven Konflikten. So zerhämmerte die Mutter die gesamte Einrichtung des Zimmers ihrer Tochter, weil sie einen – kultisch vielleicht bedeutsamen – Armring versetzt hatte. Solch überzogene Bedeutungen werden auch Ahnen und

---

[61] Namu, Y. E,. Das Land der Töchter, Ullstein (2005)

Geistern zugewiesen wie es der Ethnopsychoanalytiker G. Roheim auch von anderen matrizentrischen Kulturen berichtete. Er brachte in Erfahrung wie die Menschen dort die Welt als „Ganzheit" noch unter der Ägide einer universalen ‚Mutter Natur' sehen.[62] So repräsentiert die Mutter und die Natur komplex verwobene Kräfte, die Heil und Unheil gleichzeitig verkörpern können. Sie sind – vereinfacht gesagt – dann zwar glücklicher (weil ursprünglicher) als wir, dafür aber oft von Hexerei und anderen wahnhaften Ideen gestört.

Wenn in der matriarchalen Ordnung „die Frau diejenige ist, welche ihren Liebhaber wählt" und der Mann „sich ihr ergibt", und nicht „Besitz und Macht", sondern „Eros das leitende Prinzip ist", wie Göttner-Abendroth schreibt,[63] dann ist das nur spiegelbildlich zum androzentrischen Diskurs. Die Schamaninnen, die durch Tagtraumtechniken, Trance, rhythmisches Tanzen und Singen solche Kräfte erwerben, üben vielleicht die gleiche Faszination aus wie ein moderner Vamp, ein Sexidol, das ein Buch schreibt mit dem Titel „Dressed to kill": so raffiniert an- aus-gezogen, dass es eben manche Männer tötet. Oder Männer, die sich in Raserei selbst töten oder zumindest entmannen, wie es beim antiken Attiskult der Fall war.

Denn Kybele, die Matriarchale, konnte die Männer so verzaubern, dass sie sich begeistert zu ihren Eunuchenpriestern machten. Wir wissen aber heute, dass es sich

---

[62] Roheim, G., Die Panik der Götter, Kindler (1975) S. 21
[63] Göttner - Abendroth, Das Matriarchat, Bd. I, Kohlhammer (1988) S. 209

hier um ein symbolisches Sterben handeln sollte. Kann man das nicht auch anders haben? Z. B. sich in einer Psychoanalyse so auszusprechen, dass nichts mehr von einem übrig bleibt? Denn einzig das ist es, was man im Matriarchat verfehlte: Sie nahmen das Sterben nicht ernst. Sie nahmen den Tod nicht real. Die Kinder, die Baal geopfert wurden, die jungen Männer, die sich vor Kali entmannen, sie tun es paranoid-‚freiwillig‘, in göttlicher Ekstase. Eben, alles ist ein angebliches „Naturgeschlecht", und darin geht alles auf. Zweifellos ist das in den Andriarchaten, die man unglücklicherweise immer Patriarchate nennt, nicht anders. Hier wird das Abschlachten aus politischen Gründen perfekt geplant und in Kriegen durchexerziert.

Die Beziehungen zwischen Mann und Frau bestehen vorwiegend aus Scham-Schuld-Komplexen, es geht gar nicht anders. Die Autorin J. Lewis griff in einem ihrer Romane einen der berühmtesten Rechtsfälle aus dem sechzehnten Jahrhundert auf, in dem ein – seelisch etwas rüpelhafter – Mann seine Frau Bertrande nach einem Zwist mit seinem Vater verlassen hatte.[64] In manischer Verliebtheit erwartete sie acht Jahre lang seine Rückkehr, und tatsächlich: nach so langer Zeit erschien er oder war es nur ein ihm total ähnlich sehender Mann, der nämlich viel sanftmütiger war als der verloren Gegangene? Zuerst – und jetzt wird die Geschichte wirklich queer – warf sie sich ihm noch vor maßlosem Entzücken an den Hals, nach und nach befielen sie jedoch Zweifel, ob er nun

---

[64] Lewis, J., Die Frau, die liebte, DTV (2018)

wirklich ihr früherer Mann war. die alle in ihrer Umgebung nicht teilen konnten. Dennoch erreichte sie einen Prozess um seine Identität. Über hundertdreißig Zeugen wurden vorgeladen, wovon etwa die Hälfte bestätigte, dass der wieder zurück gekommene Mann der gleiche war wie der frühere, die andere Hälfte jedoch in ihm einen bestimmten Typen aus dem Süden der Region erkannte. Beide Männer hatten sich allerdings vor langer Zeit gesehen und waren zeitweise zusammen gewesen.

Nach vielen Hin und Hers und bevor das endgültige Urteil feststand kam der tatsächliche frühere Ehemann in den Gerichtssaal, und diesmal erkannten ihn die meisten und auch Bertrande sofort, doch in seiner Rüpelhaftigkeit wies er sie zurück. Der andere – als Hochstapler aus dem Süden bestätigt (er hatte sich bei dem oben zitierten Zusammensein alles Nötige für die Identität abgeschaut) – wurde zum Tode verurteilt (es standen auch Güter zur Diskussion, die nur dem rechtmäßigen Ehemann zugestanden hätten). Bertrande aber war benommen, verstört, krank. „Sie verließ die Liebe, die sie zurückgewiesen hatte, weil sie verboten war, und die Liebe, von der sie zurückgewiesen worden war . . frei in ihrer bitteren, einsamen Gerechtigkeit, frei von beiden Leidenschaften und beiden Männern", so die Autorin.

Freilich klingt dies alles anachronistisch, wenn man heute mit einer einfachen DNA-Bestimmung die Verhältnisse hätte klären können. Doch es stehen ja Schuld-Scham-Komplexe von Mann und Frau dahinter. Bertrande muss sich schämen, dass sie anfänglich den wiedergekommenen, aber falschen Mann geliebt und mit ihm ein Kind gezeugt hat. Die Männer dagegen sind schuldig für ihre verheerenden Verhaltensweisen. Aber war nicht Bertrandes Liebe zwar erotomanisch, aber eben auch ein Wahrheitsfanal, eine Sucht nach Wahrheit, wie sie auch die Psychoanalyse ganz strikt zu vertreten hat. Auch dort gibt es die berühmten Widerstände gegen das Aufdecken der Wahrheit, die hinter den Symptomen steckt, und so hat Bertrande eben nicht gleich erkannt, dass es der falsche Mann war, der wiederkam. Als sie den echten vor Gericht wiedertraf, war sie sofort wieder Feuer und Flamme, aber auch zutiefst erschrocken. Indem er sie dann auch noch harsch anredete, brach in ihr alles zusammen.

Dass die Liebe zu dem falschen Mann behördlich und gesellschaftlich verboten war, ist – auch für damalige Zeiten – nur ein schwaches Argument. Bertrande war an der Unmöglichkeit der Mann-Frau-, der Geschlechter-Beziehung, gescheitert, an der sich auch Siri Hustvedt abarbeitet, als ginge es nur um die Frage nach einem höchstrichterlichen – und heutzutage eben höchstneurowissenschaftlichen, höchsttiefenpsychologischen – Superurteil. Die Kraft solch einer erotomanen Liebe ist ungeheuerlich, sie hat Bezug zum Heiligen, zum Mystischen, aber offensichtlich ist zu viel an Positivität, an Lebenshöhe, ja an EIN in ihr, so dass sie sich ins Nichts hinein überschlägt. Die Liebe eines großen, reifen, lebenserfahrenen Vaters hat gefehlt, dessen respektvolle, abgeschminkte, leicht distanzierte Liebe aus dem Hintergrund heraus wirkt.

Eine solche Liebe drängt sich nicht auf, gibt sich nicht gleich als solche zu erkennen, doch exakt dadurch ist sie wirksamer als alles andere. Patriarchate, also wirkliche Väterherrschaften, wo die Väter genau gewusst hätten, was es heißt, ein Vater zu sein, also einer, der alles Vater-Wesentliche repräsentiert, der nicht nur ein Vaterwort spricht, sondern auch Vater des Wortes ist, hat es – wie schon gesagt – wohl nie gegeben. Nicht unter Philosophen, Wissenschaftlern, Künstlern und schon gar nicht unter Richtern und Politikern. Der eigentliche Vater ist der/das *Andere* in jedem einzelnen selbst, und dort muss man ihn aufrufen und lieben, aber nicht mit den herkömmlichen Vokabeln, egal welchem X-archat sie entstammen. Ich habe sie mit dem Begriff der *Formel-Worte* schon angedeutet und ein Beispiel davon gegeben. Dahin muss die Liebe sich richten, weil nur so das, was es vom EIN gibt, zum Tragen kommt. Zu früh, zu intensiv erfasstes EIN ist tödlich.

Wie Meinecke und Bornemann versuchen über ‚weibliches oder feministisches Schreiben‘ aus Männern zu Wissenschaftlern zu werden, so sehen sich auch die Transgenderpersonen zuerst als das Geschlecht, mit in das sie hineingeboren wurden, als nicht genug bestätigend und denken, dass sie im anderen Geschlecht die Anerkennung bekommen: nun jedoch ganz normal, sozusagen staatlich anerkannt, der Norm entsprechend, nur eben anders. Anders normal, wobei die Betonung auf dem normal liegt. Genauso ergeht es den oben genannten Männern, die ja auch normale Wissenschaftler sein wollen, weil sie spüren, dass sie mit der Art, mit der sie Wissenschaft betrieben, nur unnormale Männer geblieben sind, deren Vorliebe für Fußball, schnelle Autos und Sex zu haben, sie ablehnen.

Und das, diese ‚Anders-herum-Normalität', will ja auch Hamlet. Er ist nicht der Kranke, sondern der Verrückt-Normale, denn seine Tricks – mit dem er z. B. seinem Onkel Claudius ein Theater vorführt, das die gleiche Mordmethode zeigt, mit der Claudius Hamlets Vater getötet hat ohne Spuren zu hinterlassen – sind raffiniert normal. Kein wirklich Verrückter könnte so geschickt taktieren, wie Hamlet Ophelia brüskiert, seine Jugendfreunde ins Verderben schickt und Claudius letztendlich ersticht. Und so führen wir das Wort Hamlet, den Namen Hamlet, Hamlet als Bild-Wort-Wirklichkeit weiter fort, weil er uns glauben machen kann, dass er/es uns viel sagt, wo es doch ums Nichts gehen müsste, das nur noch ein Hauch, ein Tüpfelchen von Sprache ist, ein Orakel, ein Phrasenstück, ein Psst! ein Wow! ein Emoji. Denn selbst die Buchstaben H.a.m.l.e.t sind zu viel.

Das dritte, übergreifende Element muss der/das unbewusste *Andere* selbst sein, seine „ultrareduzierten Phrasen" wie Lacan sie nennt und wie ich sie gerade versucht habe verkürzt auszudrücken. Darin stecken wieder das Wort-Wirkliche, die Phoneme, und für das Bild-Wirkliche, für die Welt der Blickpunkte, der Pixel, muss die Einsteinsche Geometrie, die Topologie, herhalten. Nun kann ich die Dreiecksabbildung wieder aufgreifen, die ich für die grundlegenden psychoanalytischen Strukturen mehrfach gezeigt habe und dort an der Spitze das übergeordnete Element einzeichnen, das Φ und Ψ verbindet, und das aus der Übung des Einzelnen resultieren wird: das *Pass-Wort*.

Es handelt sich bei ihm um das Korrelat zum *Formel-Wort*, das das Unbewusste anregt, drängt, provoziert, sein Eigenes, ja sein ‚was es vom EIN gibt‘, heraus zu geben, sich ausdrücken zu lassen, nämlich jene „ultrareduzierten Phrasen", das konkret und knapp gefasste *Pass-Wort*, denn lange Sätze spricht das Unbewusste meist nicht. Die Erfahrung des *Pass-Wortes* mag wie ein von fern oder aus der Tiefe kommender fast hörbarer Gedanke erscheinen. Auf jeden Fall ist er klar abgrenzbar und eben meist wie eine ‚ultrareduzierte Phrase‘ auch rational zu erfassen. Am besten kann ich dies durch ein Beispiel erläutern.

So hatte eine meiner Patientinnen, die das Verfahren der *Analytischen Psychokatharsis* schon einige Zeit anwandte, beim Üben plötzlich noch so gerade eben im Hintergrund den Gedanken erfasst oder ‚gehört‘: „Nicht selbst vergittert". So sonderbar dieser Gedanke war, so war er ihr doch gleich klar. Es betraf ihre berufliche und private Lebenssituation, in der sie sich wie eingesperrt, wie „vergittert" vorkam. Nun ist es vielleicht kein großartiger Einfall, dass man in seiner Lebenssituation „vergittert" ist, weil man irgendwie nicht weiterkommt und sich einem alles versperrt. Aber wenn man diesen Gedanken aus dem Unbewussten, aus dem eigenen Inneren, erfährt, ja wie ein Echo im eigenen Körper geradezu ‚hört‘, ist dies etwas anderes. Es hat einen bedeutenderen Charakter als ein gut gemeinter Rat, ja selbst als eine Ermahnung von außen her, sich nicht so einengen oder vergittern zu lassen. Doch durch eine Phrase, die dahingehend weist: „vergittere dich nicht selbst", aber auch: „du bist es nicht selbst, der sich vergittert", bekommt die Sache schon mehr Gehalt, insbesondere dadurch, dass man das *Pass-Wort* auch ein bisschen rational hinterfragt.

Es ist also ein großer Unterschied, wenn man zu sich selbst in nüchterner Alltagsverfassung sagt, dass man irgendwie eingesperrt ist und sich daraus befreien muss oder auch, wenn dies Bekannte oder Freunde vermitteln. Man weiß das ja schon und nimmt es zur Kenntnis. Aber dass es hier ein Etwas gibt, das/den *Andere(n)* per se in einem selbst sprechen kann, wirkt wesentlich eindrucksvoller. Es wirkt wie ein metaphysischer Rat, wie eine Offenbarung, wie eine perfekte Übertragungsdeutung, über die man lange noch nachdenken und sich darüber orientieren kann.

„Vergittern" hat auch noch eine etwas andere Bedeutung als eingesperrt oder unterdrückt sein, wie man es wohl meist bewusst denken würde. Das Unbewusste spricht ja auch im Traum oder im Versprecher recht drastisch, provozierend und enthüllend. Dass man „vergittert" sein kann ist ja kein so üblicher Ausdruck und erinnerte die Patientin daran, dass ihr ihre Familie auch geistig oft ziemlich „vergittert" erschien. Doch auch der Gedanke an ein „hinter Gittern sein" kam hinzu, was dem Ganzen noch eine zusätzliche Dramatik verlieh; denn die Patientin hatte auch dazu assoziiert, dass ihr Vater sich einmal kurz „hinter Gittern" befunden hatte, als sie noch ganz klein war.

Und tatsächlich kam in einem weiteren Gespräch heraus, dass diese nie verarbeiteten Ereignisse möglicherweise für ihr eigenes „In-Sich-Eingesperrt-Sein" – wie sie es weiterhin ausdrückte – mit ein Grund waren. Sie habe jahrelang darunter gelitten, dass ihr Vater „ein Verbrecher war", obwohl er nur wegen eines nicht allein begangenen und nicht sehr bedeutenden Finanzdeliktes längere Zeit in U-Haft saß. Es war ja nicht er selbst, der hier ‚vergittert' gewesen war, denn nach der U-Haft wurde er als unschuldig entlassen und ein Kollege wurde schuldig gesprochen. Doch so hatte man es ihr nie ganz erklärt, und in ihr selbst hatte sich das ‚vergittert' eingenistet, weil sie sich vom Vater der Mutter gegenüber bevorzugt gefühlt hatte, was nun zerstört erschien und was ja gleichzeitig eine ödipale Problematik darstellte.

Sich über all das klar zu werden half ihr entscheidend. So lässt sich auch verstehen, warum ich so eine ‚ultrareduzierte Phrase' ein *Pass-Wort* nenne, ein Identitäts-Wort. Es gibt der eigenen Identität einen Hinweis, fügt einen neuen Aspekt hinzu oder schafft wie in der klassischen Psychoanalyse eine Einsicht in das Wesen der Identität. Doch kommt diese Einsicht viel direkter und subjektbezogener zustande. Nicht immer sind solche Einsichten leicht zu verkraften, aber wenn man es aus sich selbst hört, ist dies viel vertrauter und persönlicher und so besser integrierbar. Und es wirkt auch definitiver, kommt es doch von einem selbst, und zwar aus einer ganz tiefen Schicht, der des Autochthonen, die zum Genießen hin geöffnet und befreit werden muss.

Exakt deswegen geht es hier um das, ,was es vom EIN gibt', um Krauses ,Zusammenschaltung der beiden ,Organisationskerne' (*Strahlt / Spricht*), die jeder nur als Einzelner vollenden kann. Er kann es öfter vollenden, denn von den Pass-Worten kann man auch mehrere haben, wie ich in späteren Kapiteln beschreiben will.

7. Damals und heute

Glücklicherweise hat Siri Hustvedt schon wieder einen Roman – Titel: ‚Damals' – veröffentlicht, der – gespickt mit vielen neurowissenschaftlichen und psychologischen Aspekten – wieder gut hier in mein Buch passt. Aber vielleicht ist es auch gar nicht so glücklich, denn in Siri Hustvests Buch steht vieles, was sie auch früher schon beschrieben hat: über künstlerisch begabte und auch neurotische Frauen und über schlechte und sexistische Männer, wobei sich in der Hauptfigur des Buches mit dem Akronym S. H. natürlich wieder die Autorin selbst versteckt. Es geht um ihre Kindheits- und Jugendjahre bis heute, und der Text ist zweifellos wieder flüssig und gut zu lesen.

Nun mache ich nichts anderes. In allen meinen Büchern geht es um die Methode der *Analytischen Psychokatharsis*, was sie ist und wie man sie anwendet. Da ich dies aber schon auf ein paar Buchseiten erklären kann (siehe Anhang), wäre mein Schreiben wohl sehr langweilig geworden. So habe ich es mit Geschichten aus verschiedenen Wissenschaften, aus Berichten über Gesellschaft und Kultur und aus der Psychoanalyse Lacans angereichert. Für die ständige Wiederholung und den stets gleichen Ausgang, die gleiche Schlussfolgerung werde ich daher auch manchmal verspottet. Nun, man kann das aushalten und Siri Hustvedt wird auch manche harsche Kritik an ihren Büchern mit immer ähnlichem Inhalt ebenso ausgehalten haben.

In der Onlineausgabe der ZEIT schreibt die Literaturrezensentin U. März hinsichtlich dieses neuen Buches, dass die amerikanische Autorin Siri Hustvedt ein Literaturstar sei, dem seine Prominenz zu Kopfe gestiegen ist. „Nach eigenem Bekunden hat Siri Hustvedt Privatanekdoten (ihre Ehe mit P. Auster etc.) reichlich satt, und es stimmt natürlich: Mit dem ästhetischen Rang ihres Werks haben sie, streng puristisch betrachtet, nichts zu tun. Genauso stimmt aber, dass sich der kommunikative Raum, den die Literatur einnimmt, noch nie allein gedruckten Worten verdankte, sondern auch ihrem Drumherum, ihrem gesellschaftlichen Schauspiel samt Prominenz. Und Stars wie Siri Hustvedt füllen nun mal Theatersäle. Das als Unterhaltungsevent abzutun wäre ein Fehler. Der Starauftritt repräsentiert die Literatur als mobilisierende Veranstaltung, die Besucherzahlen der Leipziger Buchmesse wie der lit. Cologne sprechen für sich. Und diese Repräsentanz kommt letzten Endes jeder Lesung im Bibliotheksraum einer zugute".[65]

In der Kurzfassung von U. März Rezension zu dem erwähnten Buch kommt es dann zu solcher Kritik, wie ich sie gerade oben erwähnt habe: „Ihr neuer Roman ‚Damals' ist ein nerviges Fest der Plattitüden und der Bescheidwisserei. Ursula März hält Siri Hustvedts neuen Roman für eine Seifenblase. Viel ‚Trivialfreudianismus' und jede Menge Klischees über sexistische Männer muss sie lesen in der Geschichte einer jungen Frau im New York der späten 70er, die aufs Haar der Autorin gleicht,

---

[65] März, U., Ein weiblicher Narzissmus, DIE ZEIT vom 12. 4. 2019 und ein Kommentar in Perlentaucher online.

dann auch wieder nicht. Vor allem der Gestus des Bescheidwissens und die hemmungslose Bildungshuberei im Text nerven März brutal, nicht zuletzt weil die Autorin der Erinnerungsliteratur des 20. Jahrhunderts so gar nichts Neues hinzuzufügen hat. Bei allem Respekt vor Hustvedts ‚texttheoretischen' Ambitionen ist das Buch für die Rezensentin vor allem sentenziös und ein wenig plump. Es handle sich dabei um die heiße Luft eines speziell weiblichen Narzissmus".[65]

Ganz anders der Kommentar in der FAZ vom 22. 3. 2019: „Rezensentin Verena Lueken hat sich von Siri Hustvedt ins wunderbare Reich der Fiktion entführen lassen, in dem ‚Wissen, Erlebtes, Erlesenes und Gefühl' eins werden. Dabei folgt sie der Schriftstellerin voller Bewunderung, wenn sie sich als Sechzigjährige an die junge Frau erinnert, die 1978 nach New York kam, um die Zukunft zu erobern. Lueken gefällt Hustvedts Spiel mit den Identitäten, mit Rollenzuweisungen und Spiegelungen, sie folgt den verschiedenen Erzählsträngen und -ebenen mühelos und wechselt zwischendurch auch noch zu Hustvedts Essays, in denen sie das gleiche Nachdenken über falsche Gegenüberstellungen – Inhalt und Form, Gefühl und Vernunft, Körper und Seele, Mann und Frau – findet, wie in diesen Erinnerungen an die Zukunft von einst".[66]

Was ist nun wirklich dran an Siri Hustvedt? Es stimmt schon, dass sie wieder ihre alten Register zieht, trotzdem

---

[66] Lueken, V., Ein Portrait der Künstlerin als junge Frau, FAZ vom 22. 3. 2019 und Kommentar in Perlentaucher online

ist die Thematik, die sie aufwirft, die Thematik von Mann und Frau für alle Menschen von heute lebenswichtig, auch wenn Siri Hustvedt keine wirkliche Lösung findet. Das Bild auf dem Cover von ‚Damals' ist von ihr selbst gezeichnet worden und zeigt wohl sie selbst als nackte Frau, die über das Empire State Building mit ausgebreiteten Armen hinausschwebt in der rechten Hand ein Messer haltend. Wer ihre Geschichte kennt, weiß, dass dieses Messer sie in ihrer Jugend vor einer Vergewaltigung gerettet hat.

Zwar hat sie den Fehler begangen, sich von einem ihr fast unbekannten Mann bis in ihre Wohnung hinein begleiten zu lassen – das heißt, er habe den Fuß in die Türe gestellt, als sie ihn verabschieden wollte. Als er zudringlich wurde habe sie alle ihre intellektuellen Kenntnisse eingesetzt, um ihn zum Gehen zu veranlassen, doch es half nichts. Selbst Zitate des Philosophen L. Wittgenstein verhallten ohne Reaktion. Da rief sie um Hilfe oder griff sie zu einem Messer und drohte offenbar sehr martialisch, und so trat der brutale Typ den Rückzug an. Ihr blieb ein „wildes, rohes, gefährliches Glücksgefühl" zurück, wie sie schreibt. Zeitlebens erklärte diese Szene ihr grundlegendes Statement: normale Frau, rücksichtsloser Mann.

Die Frage, warum sie ihre Wohnung aufgesperrt und den Beinahevergewaltiger nicht vor der Türe zurückgewiesen hat, ist falsch gestellt. Es muss eine gewisse Verbindlichkeitszone geben, selbst das moderne ‚Nein ist Nein' ist noch kaum zu den meisten Männern durchgedrungen. Der Triebdruck bei jungen Männern ist enorm, und keinen Sex vor der Ehe gibt es nur noch in strengen muslimischen Gemeinden. Auch mein Text hier wird nicht sagen können, was eine Frau wirklich ist, und wie sie am besten zu sich kommt. Ich kann nur wieder auf die selbstpraktische Methodik verweisen, in der das, ‚was es vom EIN gibt' die Identität ermöglicht, die für jeden Einzelnen und in unterschiedlicher Form so auch für alle gilt.

Auch Lacans wunder- und sonderbare Formel über das, was eine Frau ist, kann hier nicht weiterhelfen. Bei ihm bedeutet die Formel $\forall x \Phi x$ „die Forderung der Frau, dass der Mann ganz ihr gehöre, weil es die Natur einer Frau sei, eifersüchtig zu sein."[67] Ja wirklich? Das erinnert an den Nobelpreisträger Proudhomme, Nobelpreisträger für Literatur, der meinte, dass „die Liebe nicht wert sei, als Thema eines großen Werkes zu dienen; weil sie die unwissende, eitle und frivole Frau zur Voraussetzung hat."[68] Wie schrecklich! Für ihn waren die Frauen von Natur aus irgendwie so rein, quasi steril und inert, und konnten somit als solche gar nicht verdorben werden. Die Liebe war alles und nichts zugleich. Für ihn selbst konnte sie

---

[67] Das $\forall x \Phi x$ und zusätzlich $\exists x \Phi x$ ist eine Schreibweise der Quantorenlogik, ein Beispiel für Lacans Vorgehensweise. Diese wird von den sogenannten Lacanianern emsig kopiert, weil ihnen nichts Eigenes einfällt. Alle, Männer und Frauen (Allquantor $\forall$) unterliegen der gleichen Sexuierung, es könnte aber einen geben, der davon ausgenommen ist (Existenzquantor $\exists$), ein Ur-Vater, der generelle Eine, der universell *Andere*. Nur dies ermöglicht der Frau sie selbst zu sein.

[68] Proudhomme, S., Intimes Tagebuch, Coron Verlag Zürich, S. 60 und 74

nie verwirklicht werden, er liebte nämlich zeitlebens nur seine Schwester. Auch kein Ausweg. Doch was bedeutete die Liebe für Siri Hustvedt?

Auf keinen Fall irgendeine von Männern entworfene Expertise. So mathematisch und verrückt wie mit der Formel $\forall x \Phi x$ muss man es aber auch nicht sagen. Siri Hustvedt selbst stimmt in einem Interview der ZEIT zu, dass Frauen Männer so lieben müssen, wie sie ihre Väter geliebt haben.[69] Doch dann sagt sie nicht, wie es mit ihrem Vater war, bezüglich dessen Tod sie doch zur ,zitternden Frau' wurde. „Der Vater ist oft erst der Dritte im Spiel", sagt sie dann noch, und weiter: „Aber es geht immer um diesen Blick des Anderen, in dem ich mich erkenne. Wir werden zu uns selbst durch die Blicke der Anderen". Es klingt nach einem nicht ganz richtig verstandenen Lacan.

Denn der Blick ist reine Spiegelung, die ein unbewusstes Erfassen des Bild-Wirklichen mitbeinhalt, und wenn der Vater einen derartig bestätigenden, anerkennenden Blick gegenüber einer Frau hat, ist dann seine Männlichkeit dabei nicht elidiert? Ich habe schon weiter oben darauf hingewiesen, dass das Ominöse, Libidinöse und auch Aggressive im Blick ausgeblendet sein kann, so wie es im sogenannten ,bösen Blick', den man oft im Mittelalter beschwor, meist eingeblendet ist. Das heißt, es handelt sich dann um die eigene Aggression, die man im Blick des Anderen wahrnimmt. Das Blick-Bild-Wirkliche ist

---

[69] Mayer, S., Siri Hustvedt, „Warum lieben sich Menschen? Ich habe keine Ahnung", ZEIT online vom 17. 3. 2011

ein Spiegelkabinett, das nie ganz, meistens sogar nur gering kontrolliert werden kann. Um es besser handhaben zu können, braucht es auch das Wort-Wirkliche.

Ich hatte mehrmals lesbische Frauen in analytischer Psychotherapie und war erstaunt, wie sehr der Vater verherrlicht wurde, so als habe nie etwas Männliches in ihm gesteckt. Sie hatten alle einen hohen Liebesanspruch, d. h. ich hatte das Gefühl ihnen immer wieder bestätigen zu sollen, wie positiv, großartig, schön, wundervoll etc. sie seien, was natürlich gar nicht möglich war. Aber sie legten es durch ihre Erzählungen nahe, in denen sie schon als Kinder bei Ritter- und Indianerspielen durch ihre Stärke reüssierten und später – wie es ja auch bei Siri Hustveldt auffällt – von den großen Denkern schwärmten. Aber wird dabei der Vater nicht zu einer wunderbaren Statue gemacht, zu einem Memorial, einem heldenhaften, aber unbeweglichen und ungeschlechtlichen Standbild?

Für Siri Hustvedt sind vor allem Neurologen, Psychiater und Philosophen solche Heldenfiguren, die notfalls wie Waffen eingesetzt werden können. In dem oben genannten Interview in ZEIT-online meinte sie daher auch: „Es gibt einen großen Widerstand unter Männern, ein Buch zu lesen, das eine Frau geschrieben hat. Einmal habe ich zu einem solchen Mann gesagt: Könnten wir mal einen Moment lang betrachten, was Sie da gesagt haben? Sie lesen keinen Homer, keinen Dante, keinen Shakespeare – ich habe eine richtig lange Liste daraus gemacht –, ist es etwas, was Ihnen einfach nicht gefällt? Finden Sie es albern? Dumm"?

ZEIT: Wie war seine Antwort?

„Es gab keine. Er verstummte! Wenn Sie nämlich die große Knarre rausholen, dann weichen diese Typen natürlich zurück", erwiderte Siri Hustvedt gekonnt in ihrer klassischen, feministischen Manier. Dagegen ist nichts zu sagen, sie trifft offensichtlich meist solche Männer, aber Männer sind natürlich grundsätzlich die falschen Ansprechpartner. Sie hätte einen guten Psychoanalytiker gebraucht, der notfalls – wie bei Judith Le Soldat gezeigt – das versteckteste Inzestuöse oder vergrabendste Kannibalische aus dem Unbewussten herausholt. Einerseits. Denn andererseits verstehe ich gut und habe es ja auch schon so gesagt, dass man das psychische Trauma nicht in einer Weise ans Tageslicht holen kann, wo es wieder traumatisierend wird. Und wenn sich Siri Hustvedt die Leiden von der Seele schreibt, genügt dies ja wohl auch.

Von den multiplen Orgasmen habe ich schon berichtet. „Es ist äußerst wichtig", sagt Siri Hustvedt schließlich in dem ZEIT-Interview zu diesem Thema, „dass sich auch Frauen über ihren eigenen Sexismus klar werden. . . . Es gibt Neurologen, unter ihnen nur wenige Frauen, die sitzen zusammen und sprechen allen Weibchen des Tierreichs einen eigenen Orgasmus ab. Unglaublich"! Und weiter in der FAZ vom 8. 11. 2018: Es ist schon wunderlich, wie männliche Überlegenheit formuliert wird. Frauen sind beispielsweise sehr potent, was ihre Fähigkeit zum Orgasmus betrifft, doch die Tatsache, dass Frauen im Bett sehr ausdauernd sein und zu großer Befriedigung gelangen können, wird nicht als Macht betrachtet".

„Frauen leben heutzutage länger als Männer. Auch das gilt nicht als Überlegenheit. Alle Unterschiede werden zum Vorteil der Männer ausgelegt. Und so bezeichnet man auch den weiblichen Orgasmus lieber als kompliziert? Dabei ist er überhaupt nicht kompliziert. Obwohl ich kürzlich gelesen habe, dass auch einige junge Männer zu multiplen Orgasmen fähig sind. Bei Frauen wird diese Fähigkeit als kompliziert ausgelegt, damit man sich mit der Vorstellung einer so überwältigenden Superkraft gar nicht erst auseinander setzen muss. Und weil Männer in unseren Augen stets der aggressive, aktive Part sind, dürfen Frauen nicht den ersten Schritt machen. Selbst für die Generation meiner Tochter gilt das noch. Sex muss durch den Mann initiiert werden. Warum denn"?[70]

Arme Siri Hustvedt, es muss ein Missverständnis vorliegen, indem es das Geschlechtsverhältnis doch gar nicht gibt. Natürlich passieren da ungute Sachen, aber ist Orgasmus bei der Frau nicht der falsche Ausdruck, wo es doch um die ‚jouissance‘ geht, die dem nahesteht, ‚was es vom EIN gibt‘. Was üblicherweise Orgasmus heißt, dieses unglückliche ‚plaisir phallique‘, muss sich doch die Frau nicht auch noch mit aller Mühe aneignen, nur um dann sagen zu können, sie hat auch diese ‚Macht‘. Warum Macht? Sexualstolz, Potenz, eine gewisse Mächtigkeit ist im Spiel, was alles schon infantil genug ist. Die Männer haben den Orgasmus und die Frauen genießen – wie der Hite-Report zeigte: Landschaften, Farben, Levitationen, schöne Augen, Höhenflüge, aber auch einmal in

---

[70] Kray, Sabine, Interview mit Siri Hustvedt. ‚Man muss sich schon mal die Hände schmutzig machen‘, FAZ vom 8. 11. 2018

Ruhe nachdenken zu können, was noch eingekauft werden muss. In ihrem neuesten Buch sagt Siri Hustvedt einmal, die sexuelle Lust sei ein Riesending und bricht dabei selbst in Lachen aus, weil sie es wohl selbst nicht ganz glaubt. Kompliziert ist das alles nicht, es ist nur eine Täuschung, ein Schein wie die Balztänze der Tiere, die doch auch nichts anderes als ein tolles und oft ausdauerndes Schauspiel sind für den nachher folgenden kurzen Vorgang der Paarung.

In dem gerade zitierten Buch nimmt Siri Hustvedt zu sehr vielen ihrer Gedanken Stellung, so auch zu der ihrer Neurose, die sie selbst als Hysterie bezeichnet.[71] In langen Passagen erklärt sie, welche Symptome bei ihr und anderen dafür typisch sind, wie auch die Psychoanalyse geholfen hat sie freier zu machen und wie das Leiden trotzdem immer noch ein Rätsel ist. Sie erzählt auch ausführlich, dass sie immer noch darüber forscht, wie die für die Hysterie typische Konversion im Gehirn erfolgt, forciert dabei die Auffassung von einem ‚Körper-Subjekt', das eine soziale, psychische und biologische Einheit sei und diskutiert mehr materielle und mehr geistige Zugänge zum Problem der Neurosen. Dabei vergisst sie ganz auf ihre eigenen guten und geeigneten Metaphern und Begriffe zu zugreifen, nämlich speziell dem der ‚Zwischenheit'. Denn da, nur da entsteht die Hysterie, die meiner Meinung nach, gestützt durch Lacan, nichts anderes ist, als eine Identifikation mit dem anderen Geschlecht!

---

[71] Hustvedt, S., Wenn Gefühle auf Worte treffen, Kampa (2019) S. 79

So einfach ist das, wenn auch im Gehirn und im Sozial-
bereich Dinge passieren, doch das sind Nebenschauplät-
ze. Jeder weiß doch, dass eine Frau, die ein gewisses
Gemache – es muss nicht gleich Theatralik sein – zeigt,
ein forsches, irgendwie nicht ganz glaubwürdiges Auftreten, etwas leicht Prahlerisches mit der sexuellen Freiheit,
die aber im Grunde genommen gar nicht genutzt werden
will (wie in der von mir erzählten Fallgeschichte mit dem
Telephonsex), dass hier das männliche Geschlecht kopiert ist. Doch so roh wie es eigentlich ist, wird es gar
nicht ins weibliche Dasein herübergebracht. Diese oft ans
Transsexuelle erinnernde Rochade, Tauschaktion, sieht
aus als wäre die Frau der virile Partner einer Lesbierin,
doch in Wirklichkeit will sie dem Mann imponieren, will
ihn zu einer festen Beziehung bewegen.

Beim hysterischen Mann verhält es sich nicht anders. Er
will galant, soft, flexibel, spielerisch und geistreich sein,
doch der Schauspieler fällt als der feminin-hysterische
Melodramatiker jedem auf. Er wirkt wie der feminin
Schwule, obwohl er mit Homosexualität scheinbar nichts
im Sinn hat.[72] Die Frauen sollen sich in den Softie, in den
charmanten Mann verlieben, der jedoch oft ein Problem
mit seiner Potenz hat, und so ergeht es ihr wie Elsa von
Brabant mit Lohengrin, der auch so ein smarter Typ war.
„Lohengrin verbietet bekanntlich zu fragen, wer er ist.
Und typischerweise in der Hochzeitsnacht kommt er um
die Antwort nicht mehr herum: dass er impotent ist, dass
er sexuell versagt. Das Ganze geht schon damit los, dass

---

[72] Sie ist aber oft das Schattenbild seiner Neurose.

Elsa von Brabant sich nur einen Mann wünscht, den Gott ausgesucht hat! Das ist doch schizophren! Natürlich hat sie ihn in der Hochzeitsnacht fragen müssen, ‚was ist mit dir los?' Da ist er zusammengebrochen und hat sein Versagen der Frau in die Schuhe geschoben."[73]

Siri Hustvedt hat recht, wenn sie diese ‚Zwischenheit' mit der Freudschen Übertragung gleichsetzt, denn das Oszillieren von Übertragung/Gegenübertragung auch zwischen Kind und Eltern lässt eben recht gut solche Neurosen entstehen, selbst wenn die Eltern ganz andere seelische Strukturen aufweisen, die angepasster erscheinen. Hinter den Fassaden tobt überall das gleiche Spiel, das sich auch im Sozialen mit ereignet und auch vom Biologischen her etwas gefördert wird. Aber das Hauptcharakteristikum bei der Hysterie ist die frühe Identifikation mit dem anderen Geschlecht, mit dem geschlechtlich Anderen. Daran wird auch nicht viel ändern, dass Siri Hustvedt sich „immer sowohl als auch' gefühlt hat, weiblich wie männlich. Ich bin weder das eine, noch das andere. Ich hasse es, in eine Schublade gesteckt zu werden, ganz gleich, in welche".[74]

Doch wird das gehen? Sie steckt sich doch selbst in die Schublade der Hysterikerin, die ja genau an diesem Männlichkeitskomplex leidet, die Freud im Sinne seines Trieb-Struktur-Konzeptes als eine der Lebenswege der

---

[73] Zitiert nach einer Passage in meinem Buch ‚Die Mathematik des Eros', BoD (2018)

[74] Hustvedt, S., Wenn Gefühle auf Worte treffen, Kampa (2019) S. 79

Frau konstatierte. Die beiden anderen waren Frigidität und Mutterschaft.[75] Klingt heutzutage freilich fürchterlich. Aber ist es nicht ein bisschen umständlich, wenn Siri Hustvedt noch zusätzlich zu ihrer tollen Art Frau zu sein, auch noch so viel Männliches will, dass von beiden gleich viel in ihr steckt. Sie will zwar nicht die Frau sein, die alle repräsentiert, denn das weiß sie zu genau, dass das nicht geht und nur allzu kurios wäre. Aber lassen wir sie postgender sein, vorwiegend will sie doch große Autorin und auch zudem noch Wissenschaftlerin sein und tritt in diesen Funktionen erfolgreich in Lesungen auf der ganzen Welt auf. Und warum sollte ihr das nicht noch weiterhin und besser gelingen. Da ist dann sowieso für Androgynie nicht mehr viel Platz. Frau und Autorin gelingt ihr also ganz gut, mit der Wissenschaftlerin hapert es noch ein wenig. Auf der einen Seite sagt sie, dass Menschen ‚denkende Körper' sind, was aber doch genau die von ihr abgelehnte kartesianische Sicht ist, indem Descartes sagte, ‚ich bin ein denkendes Ding'.

Nein, nein, wird sie sagen, ich meine das anders, nämlich dass Geist und Körper nicht völlig getrennt sind. Aber wie sind sie dann verbunden? Siri Hustvedt zitiert V. Woolf, die dem Panpsychismus anhängen würde und bei der „die Materie denkt, aber nicht maschinenartig. Einfach brillant!" Genügt das? Räume im Traum beschreibt sie als solche wie in der Wirklichkeit, weil diese und die

---

[75] Das schließt nicht aus, dass die Frau auch eine wundervolle Ehefrau, eine hervorragende Pianistin, Lehrerin und weiß Gott was sonst alles sein kann. Es geht bei Freud nur um bestimmte, in der frühen Kindheit erworbene, unbewusste Identitäten.

Erinnerungen immer irgendwo örtlich stattfinden müssen. Aber herrscht im Traum nicht die Einsteinsche Geometrie vor, die Topologie, wo das Raumhafte in sich verknotet, eingerollt und verschachtelt ist? Sie ist nicht örtlich festzumachen, so dass ganz andere Perspektiven ergeben, z. B. solche, wo etwas *Spricht*? Das ist dann für den Traumdeuter wichtig. Und so kommt Siri Hustvedt auch zu ihrem im Moment spannendsten Forschungsbereich, der Plazenta.

Sie meint, Nabelschnur und Plazenta seien nicht nur eine biologische ,Zwischenheit' zwischen Mutter und Kind, sondern viel, viel mehr. Aber Nabelschnur und Plazenta sind zuerst einmal nur kindliches Gewebe. Das Kind hat sich mit seinen Plazentazotten im Gewebe der Gebärmutter verankert. Bei der Geburt verliert das Kind weniger die Mutter, als einen großen Teil seines eigenen Körpers, der eben die Plazenta ist. Da müsste man psychoanalytisch anfangen, vom ,verlorenen Objekt', von der ersten gravierenden Spaltung zu reden. Obwohl schon wie erwähnt „Klang- und Erlebnisobjekt" in Form mütterlichen *Strahlt* und *Spricht* vorgeburtlich gegeben sind, handelt es sich dabei um noch keine gelungene, gute oder gar ideale Kombination der beiden Grundelemente. Dies wird erst besser, wenn nachgeburtlich die Brust der Mutter, die Umwelt, die Augen der anderen etc. dieses *Strahlt/ Spricht* (die beste Art der ,Zwischenheit') in neue Kombinationen befördern.

Ich könnte vielleicht Siri Hustvedt das Forschungsgebiet um das Wesen von Transgender empfehlen. Ich glaube, dass man hier mehr herausholen kann, als von der Erforschung der Plazenta. Was Transgender, das Transsexuelle, angeht, passt dies gar nicht so recht ins Freudsche Schema. Freud hatte ja in seinen Büchern mehrmals von der „phallischen Phase" in der Entwicklung des Kindes gesprochen, womit gemeint war, dass bei beiden Geschlechtern diese etwas mehr dem Männlichen zugeschriebene Form seelisch-sexueller Entwicklung stattfindet, auch wenn dies unterschiedliche Bedeutung hat. Transgender liegt so gesehen jenseits dieses Phallischen, das also bei Mann und Frau gleich ist und sich deswegen auch zum Zählen, also für die Mathematik des Eros eignet. Im Transgender kann man die phallische Libido nicht mehr als die gemeinsame Währung ansehen.

Die Theorie um das Wesen der Geschlechter ist mit der modernen Diskussion um Transgender oder Transidentität zur wichtigen Thematik auch in der Psychoanalyse geworden. D. h. gerade die Psychoanalyse hat hier viel mitzureden, denn was Identität gegenüber Triebhaften bzw. Begehren, was Symbolisches gegenüber Realem, was Phantasien, Gefühle als „psychischer Realität" gegenüber dem Materiellen als „körperlicher Realität", wirklich bedeuten, kann man nur aus den ganz persönlichen, privaten, subjektbezogenen Gesprächen in solch einer Wissenschaft eruieren.

Ich habe die Forschungen der Psychoanalytikerin Judith Le Soldat schon erwähnt und darauf hingewiesen, dass sie in ihren Büchern transgenderbezogene Theorien aufgestellt hat, diese aber noch sehr mythisch ausdrückte. Die sphinxhafte Mutterfigur stürzt zu Beginn des Lebens die noch unreife kindliche Seele in unlösbare Konflikte, weil beide Protagonisten (männlich-tierische Mutter und Kind) die verschiedenen Organe gleichzeitig sexuelle-imaginär agieren lassen. Es kommt unbewusst eine Art von Kastrationslust zustande, das Kind will diesem sphinxhaften Wesen – alles nach wie vor unbewusst zu verstehen – das Organ ihres perpetuellen Genießens rauben, doch bedroht es sich bei so viel eigenem Sadismus gleichzeitig mit Bestrafungsangst und Verwirrung.

Um überhaupt zu psychoanalytischen Deutungen zu kommen, musste Le Soldat ihren Patienten entsprechende Phantasien entlocken, was ein bisschen manipulativ erschien. Wie erwähnt denke ich, dass Le Soldats Psychoanalyse als Therapie wohl nur in Sonderfällen gilt. Dies scheint auch in der neueren Transgenderdiskussion der Fall zu sein. Mit A. Limentani, J. Kestenberg, G. Hansbury und anderen psychoanalytischen Autoren sind Versuche gemacht worden, dem Freudschen Phallischen unterschiedliche Schwerpunkte zu geben. So stellt J. Lacan dem wie gesagt mehr männlich geformten „plaisir phallique" (das mehr lustbetonte, aktive Genießen) die mehr dem Weiblichen zuzurechnende „jouissance" (dem mehr autochthonen, passiven Genießen) gegenüber. Nun können Frauen natürlich auch mit aktiv lustbetonten Einstellungen agieren, während das Passiv-Autochthone bei Männern seltener aber genauso gut möglich ist.

Die genannten Autoren sehen bei Männern, die den Wunsch haben eine Frau zu sein (ohne ausgesprochen transsexuelles Verlangen) meist einen starken Neid auf alles Weibliche, speziell auch auf das genannte ,weibliche Genießen', oft ausgestattet mit der Phantasie eine

Vagina zu haben. Diese Einstellung ist häufig verbunden mit ausgeprägter ‚Oralität' (Mund-, Verschlingungs-, Verschmelzungslust). Hansbury, der viel mit Transgenderpersonen gearbeitet und selbst ein Transmann ist (also zuvor biologisch eine Frau war), postulierte, dass alle Männer – ganz analog übrigens zu den Feststellungen von Judith Le Soldat – ein sogenanntes „männlich Vaginales" besitzen, also eine weibliche Art von Geschlechtlichkeit, die er auch als „inneren seelischen Raum" bezeichnete.[76] Damit ist klar abgegrenzt, dass es nicht um das reale Organ geht, sondern um etwas Imaginär/Symbolisches, einen Bild- und Sprach-Raum.

Dominierend ist bei Hansbury jedoch das Imaginäre, dessen Pendant nun zwangsläufig auf der weiblichen Seite so etwas wie die „phallische Frau" sein müsste, dessen Bezug zum mehr aktiven „plaisir phallique" man auf Seiten der Frau ja auch mit dem entsprechenden Neid versehen hat. Bekanntlich sprach ja Freud etwas missverständlich bei der Frau vom „Penisneid". Es handelt sich diesbezüglich jedoch um eine männliche Dynamik, die den Mann zwingt, sich mit seinem Begehren auseinanderzusetzen. Er muss das nach außen gerichtete zu sehr Sexuell-Aktive sublimieren, er muss – wie der Philosoph M. Foucault es sagte – das zu Aktive in eine „Macht ohne Machthaber (ohne Herrschaft) und das zu Sexistische in einen Sex ohne Gesetz (ohne Normierung)" verwandeln. Das alles passt viel besser zum „inneren seelischen Raum", indem dieser – wenn man noch auf der transgen-

---

[76] Hansbury, G., Das männliche Vaginale, PSYCHE Nr. 8 (2019)

derten Ebene bleiben will – auch Fruchtbarkeit, Kreativität, ja, wie ich von der Psychoanalytikerin R. Golan schon zitierte, auch Leid, Universalität, Erkenntnis, Freiheit und Glückseligkeit einschließt.[77] Dieser Raum steht mehr dem Realen der 'jouissance' nahe, wozu man dann allerdings nicht mehr trangendern müsste.

Man muss also ganz klar sagen, dass alle diese Zuschreibungen nur Sinn machen, wenn sie in einer praktizierten Therapie, in einer ,logischen Praxis', stattfinden. Für den Normalgebrauch als philosophische, kulturelle, allgemein psychologische Darstellung haben sie nur in ihrer Metaphorik Bedeutung. Bei Lacan und für meine, der Psychoanalyse entlehnte *Analytische Psychokatharsis* sind andere Begriffe sinnvoll. Meine Identität – so könnte ich einen Satz des Therapeuten D. Moss verwenden – „gründet im Widerstand gegen die Stimme der ersten Person Singular und/oder Plural. Ganz egal was wir . . hören, meine Reaktion darauf ist ein „Sagst Du!" Was ich aber hier schreibe, ist die Essenz meiner wissenschaftlichen Erfahrung, und da ist der „innerseelische Raum" nicht unbedingt vom „weiblich Phallischen" oder „männlich Vaginalen" besetzt. Für mich ist er der Platz der schon oben erwähnten Fruchtbarkeit, der Kreativität, Universalität und der einer souveränen Liebe, einer Liebe, die sich nicht zu erkennen geben muss.

Siri Hustvedt könnte man erklären, dass die ihr sicherlich zustehende Männlichkeit nicht etwas Phallisches ist, das

---

[77] Golan, R. Loving Psychoanalysis, Karnak (2006)

sie hat, vielmehr personifiziere sie selbst das Phallische, indem sie es ist, und dazu benötigt man im Grunde genommen nicht noch zusätzlich eine spezifische Männlichekeit. Lacan pflegte oft zu sagen: „Der Mann hat ihn, die Frau ist der ‚Phallus', alles imaginär/symbolisch zu verstehen. Denn die Feministinnen verleugnen oft, dass das Phallische ein Signifikant ist, ein symbolisches Objekt, also ein Teil des innerseelischen Raums, der auch *Spricht*. Darin liegt zudem eine gewisse ‚Queerness', eine zwischen dem *Strahlt* und dem *Spricht*, Siri Hustvedts „Zwischenheit", also eine andere als die in der Transgenderdiskussion aber auch in der generellen Mann/Frau Differenz verwendete. Die „queeren Männer", sagt Hansbury zum Beispiel, „müssen erst lernen, dass nicht die Vagina, auf der gegenüber z. B. Transmänner in Indifferenz verharren, das Entscheidende ist, sondern dieses „männlich Vaginale", der innere Begehrensraum, in dem sich ein anderer Mann oder eine Frau einnisten und von dem aus man seine letztliche, summarische Identität, die er „Inklusion" nennt, erreichen kann.

Im Umgang mit queeren Männern ist dies sicher eine zutreffende Möglichkeit, das verwickelte Sexuelle aufzubrechen und sich neu ordnen zu lassen. Und was für die queeren Männer gilt, gilt meiner Ansicht nach nun auch für die erotomanen oder vom Feminismus zu stark geprägten Frauen, egal ob sie cis oder trans sind. Denn sie maßen sich diese fertige ‚Inklusion' ja an, sie glauben an die geschlechtliche Omnipotenz. Und die muss man auch Hansbury vorwerfen, dass er in seinen weiteren fürs Allgemeine geltenden Auffassungen

„die infantile bisexuelle Omnipotenz aufrechterhalten und solipsistisch genießend im Polymorph-Perversen verbleiben" will.[78] Deswegen eignen sich die zu weit gehenden Sexuierungen nur als Deutungsmöglichkeit in der Transgenderpsychologie und nicht im Rahmen allgemein elaborierter Erörterungen.

Trotzdem könnte diese Diskussion vielleicht auch Siri Hustvedts Forschungen beflügeln, denn neurowissenschaftliche und psychiatrische Wissenschaften werden nur ungenügend zur Mann/Frau-Problematik beitragen können. Vor allem wäre es doch viel besser, nicht immer nur das neurowissenschaftlich das Gehirn zu untersuchen, sondern den Aufbau der Seele in die Richtung, in der sie die Plastizität des Gehirns umformen kann, zu ergründen. Der Philosoph A. Noë schreibt in seinem Buch „Du bist nicht dein Gehirn", dass wir uns heutzutage viel zu sehr von den Neurowissenschaften beeindruckt zeigen. Wir sind Neuro-Film und Synapsen-hörig. Für A. Noë befindet sich das Bewusstsein und das Seelische in erster Linie nicht im Einzelnen, im für sich allein stehenden Gehirn, sondern im Konnex und Kontext, in dem das Gehirn mit seiner Umwelt und anderen Gehirnen steht und dynamisch interagiert. Dieser Konnex / Kontext ereignet sich

---

[78] Dazu sind Freuds Grundlagen der Ausgangspunkt: es gibt eine angeborene Bisexualität, innerhalb derer das Kind/der Jugendliche – mas o meno – sich zu einer Seite hin mit Abänderungen orientiert, aber nicht beide Seiten total verwirklichen kann. Der Transgender verbleibt, wenn er nicht eine rein psycho-physische Identität in den Vordergrund stellt, in kindlicher Selbstvereinzelung stecken.

also eher in einer Art von typographischem oder hypersphärischem Raum,[79] zu dem die Gehirne wahrscheinlich eine etwas intensivere und komplexere Beziehung haben als ein einfacher dreidimensionaler Nervenzellverbund. Damit will ich nochmals die Berechtigung der Neurowissenschaften anerkennen, sie sind mir nur zu wenig aufs wirkliche, kontextierende Subjekt bezogen. Sie sind keine Wissenschaften v o m Subjekt. Sie zeigen die großen therapeutischen Möglichkeiten nicht auf. Der innere seelische Raum ist typographisch / hyperspährisch und nicht Transgender besetzt.

Beim Lesen von Siri Hustvedts Büchern komme ich manchmal in die Versuchung ihre gute Literatur ‚queeren' zu müssen, was nur schrecklich wäre. Aber vielleicht hilft es ihr, das auch einmal so zu sehen. Denn üblicherweise wird nur von Mann/Frau und von Männlichkeit/Weiblichkeit gesprochen, womit Siri Hustvedt sich endlos abmüht. Allenfalls wird noch konstatiert, dass das Männliche mehr mit dem Worthaften, dem Sprachverarbeitenden koordiniert ist, das Weibliche mehr mit dem Bildhaften, der Bildverarbeitung. Aber wie koordinieren sich zwei Gehirne, typographisch, topologisch, komparatistisch. Wie sieht der diesbezügliche Konnex / Kontext

---

[79] Hier könnte man auch von einer Hyperakustik oder Hyperlinguistik sprechen, also von etwas, das wie die *Formel-Worte* über die üblichen Sprachbezogenheiten hinausgeht. Damit würde man an der hypersphärischen Raum anschließen, der mehr als drei Dimensionen hat und der zur Augenscheinlichkeit passt. Auch die Typographie enthält ein Hyper.

aus, den Mystiker immer darin sehen wollten, dass man „das Herz in der Stirne" haben müsste, also weiter oben. Auch nach Freud sollte das ja so sein, da „wo Es war, sollte Ich werden".

Um diese Koordinierung wissenschaftlich und nicht nur mystisch zu klären und zu optimieren wird man im Leben all die verschiedenen Bereiche aufeinander abstimmen, und die letztliche Kombination wird man dann eher als mit den Funktionen und Symbolen der Plazenta oder dem Transgender-Geschlechtlichen mit so etwas wie den *Formel*- und *Pass-Worten* der *Analytischen Psychokatharsis* erreichen. Dazu noch ein Beispiel aus meiner eigenen Erfahrung. Beim Üben mit den besagten *Formel-Worten* hatte ich nach längerem in mich Hineinhören (auf einen Ton, auf eine Verlautung, auf das *Spricht*), was die zweite Übung darstellt, einmal die folgende ultrareduzierte Phrase aufgefangen: „Sollst der *Adam* sein". Jedem Außenstehenden wird dies nicht viel sagen, aber mir war sofort klar, was gemeint war. Als Arzt und Psychoanalytiker habe ich keine Karriere gemacht. Weder in den Natur- noch in den Geisteswissenschaften (wenn ich die Psychoanalyse jetzt einmal dazu rechnen darf) konnte ich irgendwie besonders reüssieren.

Aber anscheinend war doch der Ehrgeiz bei mir da, jemand zu werden, der in der Wissenschaftsdiskussion der Zeit mitreden oder nicht nur als Hinterbänkler wirken sollte und wollte. Da war mir die Sache mit dem *Adam* klar und auch gerade recht hinsichtlich dieser noch fehlenden Identität. Hat doch Lacan alle die „universitären Diskurse" als überholt und, weil an der eigentlichen

Wahrheit vorbei gehend, als nur rein wissenssüchtig demaskiert. Aber ein *Adam* zu sein, hieß ja wieder dort anzufangen, wo die Menschheit mit dem Wissen und der Weisheit begonnen hat. Es hieß, wieder der erste Mensch zu sein, indem man von der biblischen Mythologie als dem Geisteswissenschaftlichen genauso wie von der Paläoanthropologie als dem Naturwissenschaftlichen im Sinne eines Neuanfangs ausgehen konnte, um eine praktische Anthropologie zu begründen.

Die Philosophin N. Knapp beschreibt sehr witzig, wie die Großmutter ihr als Kind etwas von den ersten Menschen vorlesen wollte.[80] Da sie schon selbst einiges von den Neandertalern und den Frühmenschen gelesen hatte, freute sie sich auf weitere Geschichten aus der Paläoanthropologie. Doch zu ihrem Entsetzen fing die Großmutter mit der Erzählung von Adam und Eva an. Erst später wurde ihr klar, dass beide Zugänge zum Beginn der Menschheit gleichermaßen wertvoll sind und man sich eben einen übergeordneten Zugang selber ergründen muss. Dazu muss man das eigene Unbewusste mit einbeziehen, das einem diese ‚Transsubstantiation' ermöglicht. Hinter dem *Adam*-Sein steckte für mich auch durchaus eine bewusste Intention, doch hätte ich diese niemals in allgemeiner Kommunikation so ausgedrückt. Ich hätte gesagt und habe es auch so schon manchmal so gedacht, dass man wie die ersten Menschen mit einer Ur-Kultur nochmals von vorne anfangen können müsste. Aber eine Kultur oder Religion im herkömmlichen Sinne besaßen

[80] Knapp, N., Der Quantensprung des Denkens, Rowohlt (2011)

die Frühmenschen sicher noch nicht. Ihre Vorstellungen von übergeordneten Kräften bezog sich auf animistische Erfahrungen und wohl nicht auf konkrete Göttergestalten.

Schließlich kannten die frühesten Wesen, denen man den Namen Homo geben kann, jedoch Bestattungsrituale und andere soziale Operationalisierungen. Nicht umsonst habe ich mich viel mit dem Neandertaler beschäftigt.[81] Er war bereits im vollen Sinne Mensch, da er die Sprache in ausreichendem Maße besaß und damit auch ein Unbewusstes hatte. Er war unglaublich robust und naturver-

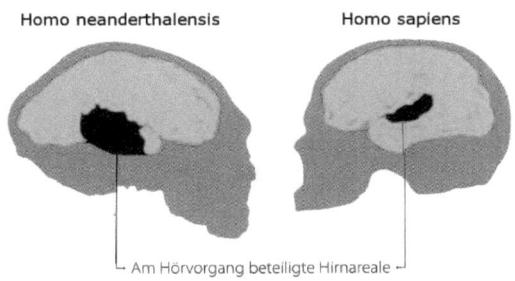

Homo neanderthalensis   Homo sapiens

— Am Hörvorgang beteiligte Hirnareale —

bunden und hatte zudem noch ein größeres Gehirn als wir. Er hat es nur so umständlich benutzt und sehr viel Gehirnmasse im Temporo-Ocipitalbereich gebraucht (Sensomotorik), um sich verständlich zu machen, aber auch um die Dinge sehr intensiv erfahren zu können.[82]

Der direkte Vergleich der oben stehenden Abbildung zeigt, dass das für die Verarbeitung von elektrischen Im-

---

[81] Hummel, G. v., Das konjekturale Denken, BoD (2010)
[82] Czarnetzki, A., Der Neandertaler – eine hochspezialisierte Art. www.achaeologieonline.de/magazin/thema/2001/06/c_1. php

pulsen aus dem Innenohr zuständige Hirnareal raumgreifender war als das des modernen Homo sapiens. Wie erwähnt soll der Neandertaler „am Rauschen des Windes in den Nadeln" herauszuhören vermocht haben, ob es sich um eine Tanne oder Kiefer handelte. Er konnte also den absoluten „Laut" hören, er hatte tatsächlich etwas vom *Spricht* des absoluten Gehörs in sich. [83] Er nahm sozusagen noch mit der Musik des Waldes, mit dem „Klang-*Objekt*" als solchem wahr. Und genauso soll es mit seinen visuellen Fähigkeiten gewesen sein. Czarnitzki schreibt, dass der Neandertaler „für die Wahrnehmung optischer Eindrücke wie z. B. optische Dingerkennung, Ortssinn, Ortsgedächtnis, Farb- und Helligkeitserkennen usw., aber z. B. auch für optische Gedanken ausgezeichnet ausgebildet war."

Aber es wäre für mich nicht so intensiv, so enthüllend gewesen, im Rahmen dieser Gedanken und Forschungen die Intention zu haben, wieder wie ein Frühmensch zu sein. Denn das hätte geheißen, eine quasi phylogenetische Regression einzugehen und von dort aus die Menschheitsgeschichte neu zu formulieren. Auch hatte ich keine Lust aus der Religion des Alten Testaments, die ich eher Konfessionen nenne, eine Identität für heute zu gewinnen und einen Neuanfang zu versuchen.

Dazu hätte ich so etwas wie eine Offenbarung haben müssen. Und auch wenn ich sagen könnte, diese „ultrareduzierte Phrase" des „Sollst der Adam sein" klingt ja fast

---

[83] Czarnetzki, A., Mündliche Mitteilung,11.05.09 an die Firma Orthomol

wie ein aus dem Off geschickter Spruch, wäre ich nicht nur für andere, auch für mich selbst unglaubwürdig geblieben. Ich sehe zwar die klassischen Offenbarungen als eine Sammlung von *Pass-Worten* aus dem Unbewussten dieser Propheten und Religionsstifter vor dem Hintergrund und in der Folge tiefer Ahnenverehrungen an, aber eben diesen Zugang haben wir heute nicht mehr und das Off als moderne Variante dieser Auffassung ist auch nicht mehr sehr plausibel.

Trotzdem ist das Unbewusste damals wie heute das Gleiche. Es ist ein „linguistischer Kristall" kontrapunktischer Gedanken (Freud spricht von Gegenbesetzungen). *Adam* zu sein – einfach so genommen und nur im Bezug aus seinem Wortklang aus dem Unbewussten heraus – war all demgegenüber, was ich gerade diskutiert habe, ein viel knalligerer, intensiverer Gedanke, ja ein originär echter Name, eine viel plastischere Identität. *Adam* sein war ein *Pass-Wort*, ein Eigenname in dem Sinn des ‚was es vom EIN gibt', denn Adam war und ist mehr als nur eine mythische Figur.

Adam war selbst einer dieser Frühmenschen, also bereits homo sapiens, vielleicht noch vor den Cro-Magnon-Typen, die wir heute sind, aber mit einer besonderen Ausstattung. Er musste einen Überblick über die Lebewesen auf dieser Erde erreicht haben und dies gleichzeitig als so etwas wie ein „Auftrag", eine Aufforderung zum Menschsein empfunden haben. Und als solch eine Aufforderung habe ich es ja auch wahrgenommen. „Du sollst ein Frühmensch sein" hätte mich erschreckt, und ein Nachfolger von Abraham, Isaak und Jakob hätte ich also auch nicht sein wollen, aber der *Adam* als solcher, als EIN, passte für beides, für eine frühe und eine moderne Identität umfassender Art.

Adam war für mich von diesem Moment an die ideale *Vater*-Metapher, die mich eher an Freud erinnert, auch wenn dieser Sigmund hieß. Aber ich brauchte damit auch Vater Freud nicht mehr so abgöttisch zu folgen, so sehr ich mich auch nach wie vor als Psychoanalytiker sehe und Freud als den Vater der Psychoanalyse begreife und respektiere. Nein, *Adam* tut hier einen viel besseren Dienst. Er vermittelt ideal den ersten Menschen, neurotisch, noch nicht fertig, aus dem Paradies der Kindheit und des Glaubens an eine sichere positive Politik oder sonstige Wissenschaft vertrieben, aber wie der Neandertaler bereits mit einem Unbewussten (der symbolischen Ordnung unterstellt) versehen und hochsensibel. Mein Unbewusstes hat hier originell und für mich überraschend gut das *Strahlt / Spricht* in eine „ultrareduzierte Phrase" gebracht. Ich empfinde diese Adam-Metapher als etwas ‚Transsubstantiatives' und kann die Übungen der Analytischen Psychokatharsis daher jedem empfehlen. Auch Siri Hustvedt würden sie helfen.

Denn sie, die sagt, dass sie unter einer ‚Mirror-Touch-Synästhesie' leidet, würde damit schnell Erfolge haben. In der ersten Übung, wo man sich dem Nichts, der Null, ausliefert und sich dem, ‚was es vom EIN gibt' in der Katharsis nähert, würde sie bereits ein starkes Berührungserlebnis haben, denn keine Berührung (als Roazens ‚inner touch') ist so intensiv wie die des Nichts, des Dunklen vor einem in der Meditation oder des, ‚was es vom EIN gibt', auch wenn es noch nicht ganz da ist. Menschen mit hochgradiger Empathie reagieren jedenfalls in der ersten Übung stärker, direkter. Dabei erinnere ich daran, dass die Wiederholung der *Formel-Worte*, die durch ihre wissenschaftliche Begründung Sicherheit geben, keine negative Erfahrung zulassen.

Ich denke, dass das Beispiel meines eigenen *Pass-Wortes* und meine Gedanken dazu zeigen, warum ich hier zurecht davon rede, dass ich damit das, ‚was es vom EIN gibt', gefunden habe, und dass es nur aus dieser Subjekt-Position, nur aus dieser subjektbezogenen Wissenschaft möglich ist, mit der letztlichen Identität weiter zu arbeiten. Es genügt nicht, nur den Geist zu erforschen, ihn phantastisch auszumalen, ihn psychoanalytisch zu klären, ihn neurowissenschaftlich, literarisch oder philosophisch zu bearbeiten, man muss ihn auch glücklich machen, ausreichend glücklich.

Anhang

Das Verfahren der *Analytischen Psychokatharsis* ist von seiner praktischen Seite her – wie schon zum Teil beschrieben – sehr einfach. Trotzdem noch eine kurze Zusammenfassung und weitere *Formel-Worte*. Man sitzt in bequemer Haltung und wiederholt rein gedanklich langsam hintereinander ein, zwei oder bis zu fünf *Formel-Worte*,[84] während man gleichzeitig darauf achtet, ob etwas auftaucht, das den Charakter eines ,Es *Strahlt*' hat. Bei dem „Strahlt" kann es sich um eine Erhellung, Körperbildwahrnehmung, ein Schimmern, einen ,Lichtpunkt' oder eine grundlegende Luzidität handeln, dem eben solch ein Phänomen zukommt. Das *Strahlt* ist also nicht etwas, das man selbst imaginieren, erzeugen oder gar erzwingen muss. Es ist in jedem Menschen als Primärform eines Kräftegeschehens vorhanden und muss so nur geweckt oder erwartet werden. Genauso kann aber auch ein ,Durchrieseln' zu spüren sein[85] oder die Empfindung

---

[84] Weitere *Formel-Worte* sind in anderen Veröffentlichungen oder auch auf der hinten angegebenen Webseite zu finden. Vorerst genügen die hier erwähnten. Mehr als fünf sollte man nicht benötigen.

[85] Damit ist eine Erfahrung gemeint, die etwas mit atavistischen Gefühlsreaktionen zu tun hat. Die Frühmenschen haben noch viel mit ihrer unbedeckten Haut gefühlt, ertastet und umweltbezogen kommuniziert. Auch bei bewegenden Musikstücken, wenn es einem wie einen durch einen den Rücken herunterrieselnden Schauer erfasst, greifen wir auf diese eben besonders tief gehenden Emotionen zurück. In der Analyti-

auftauchen, wie sich das eigene Körperbild verschiebt, sich weitet oder es einfach nur als schwarze Farbe, als Fleck vor den geschlossenen Augen festzustellen ist. Denn schwarz ist schon eine Wahrnehmung, die sich von der Dunkelheit im Kopf ganz gering abheben kann. Egal was auch immer ‚gesehen' oder erfahren wird, es wird den Charakter von einem auch nur ganz geringem ‚Es Strahlt' haben, und das genügt.

Dadurch tritt eine Entspannung ein, eine Katharsis, ein Befreiungserleben, das besonders dadurch gesteigert werden kann, wenn gleichzeitig die besagten *Formel-Worte* rein mental geübt werden. Links unten ist nochmals ein weiteres *Formel-Wort* dargestellt. Auch dieses (RA-DIC-IT) ist kein normales Wort aus dem Lateinischen, aber es beinhaltet mehrere sich überschneidende Bedeutungen in einer Formulierung, es ist ‚linguistisch kristallin' aufgebaut. Außer dem radiat und dicit (Strahlt und Spricht) ergeben sich im Kreis geschrieben und von verschiedenen Buchstaben aus gelesen mehrere disparate Bedeutungen. So kann man hier z. B. auch „adi cit r" (geh heran, es bewegt R) „C i tradi" (hundert I übergeben), „citra di" (diesseits die Götter), „dicit ra" (es sagt ra), „r adic it" (füge r hinzu, es geht), „radi cit" (gekratzt werden, es bewegt sich), „trad ici" (erzähle, ich habe getroffen) etc. herauslesen, wobei vieles recht unsinnig klingt. Dies hat jedoch für den for-

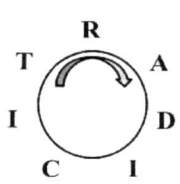

malen Ausdruck keinerlei Bedeutung. Ausschlaggebend ist nur, die wissenschaftliche Begründung (mehrere Bedeutungen in einer Formulierung, Verwendung nur anderer Schnittstellen) klar darlegen zu können, und dies ist für das Verfahren sehr wichtig, weil man nur so volles Vertrauen in die Methode haben kann.

Dies ist die erste Übung, die auf tatsächlichen Vorgaben der Psychoanalyse beruht, weil durch das mentale Reverberieren eine Regression (ein innerlicher Rückzug) erzeugt wird, die sich gleichzeitig nur auf einen eingeengten Aspekt des Wahrnehmungs- bzw. Schautriebs konzentriert (das *Strahlt* Zudem setzt sich die *Formel-Wort*-Wiederholung an die Stelle dessen, was man in der Psychoanalyse den Wiederholungszwang, das unbewusste Wiederholen nennt. Dieses wird zumindest solange aufgehoben, wie die Übungen der *Analytischen Psychokatharsis* wirken. Ich habe schon im Haupttext angedeutet, dass dadurch eine wesentliche Hürde der klassischen Psychoanalyse vereinfacht und vermindert wird. Wichtig ist, dass es zu einer Katharsis kommt, zu einer Befreiungserfahrung und nicht nur zu einer simplen Entspannung.

Auch was andere Therapieformen und deren Probleme angeht, kann in der *Analytischen Psychokatharsis* meist vereinfacht umgangen werden. Es genügt nämlich nicht mehr, einfach einem Therapeuten oder Meditationslehrer zu glauben und seinen einfachen Anweisungen zu folgen. Man muss heutzutage auch verstanden haben, dass das Verfahren wissenschaftliche Grundlagen hat und man mitdenken kann und soll, damit nicht in tieferen Momenten der Übungen Abhängigkeiten von der Ideologie der Me-

thode, vom Lehrer bzw. Therapeuten oder irrationale Ängste auftreten. Das *Strahlt* (das Kristalline,
Spiegelnde) der kathartischen Erfahrung ist also aus der Grundkraft
des Wahrnehmungstriebs abgeleitet.

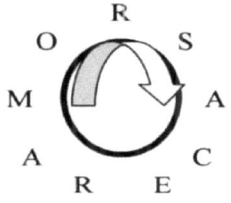

Es ist somit etwas, das in jedem Menschen originär vorhanden ist, genauso wie das *Spricht* (das Linguistische,
Verlautende).[86]

Nach dem R-A-D-I-C-I-T kann nun auch das *Formel-Wort*
O-R-S-A-C-E-R-A-M hinzugenommen werden, denn sollte jemand wirklich Interesse haben, die analytisch-
psychokathartische Methode zu erlernen, sind wenigstens
drei dieser Formulierungen notwendig. Zwei oder gar nur
eines würden einen zu schnell ermüden. In dem – einmal
anders geschriebenen *Formel-Wort* C-E-R-A-M-O-R-S-A
(Abbildung vorige Seite) stecken je nach Ausgangsbuch-
staben folgende Bedeutungen: C eram orsa (hundertfach
war ich Beginnen, amo R sacer (ich liebe das heilige R),
cera morsa (das zerstückelte Wachs), mors acer (der Tod
ist bitter), amor sacer (die Liebe ist heilig) usw. Wie betont, kann man diese Bedeutungen gleich wieder verges-

---

[86] In der Psychoanalyse gehen wir davon aus, dass n der Men-
schentwicklung die symbolische Ordnung bzw. die Sprache
eine entscheidende Funktion einnimmt, die die Wahrnehmung
in eine reine Sinnestätigkeit und eine Triebtätigkeit teilt. Die
Sinnestätigkeit ist eine Wirklichnehmung, die Triebtätigkeit
eine Wahrnehmungslust, zusammengefasst sprechen wir von
Wahr-Nehmung. Das Wahre kommt durch die Sprache herein,
die Nehmung durch die Wirklichkeit.

sen. Sie sind zu disparat, also auf keinen Nenner zu bringen. Denn übt man sie in dem einheitlichen Schriftzug, wird man niemals den bitteren Tod mit dem zerstückelten Wachs und dem hundertfachen Beginnen in einem Sinngehalt zusammenbringen. Wichtig ist nur zu verstehen, wie die *Formel-Worte* aufgebaut sind, so dass man wissenschaftlich-intellektuell das Verfahren jeder Zeit hinterfragen kann. Kommen irgendwelche Gefühle oder Ideen hoch, die unpassend sind oder Angst machen, kann man nachdenken oder sich weiter über das Verfahren belesen. Blinder Glaube ist nicht gefragt.

Bei der zweiten Übung wird nunmehr auf genau dieses *Spricht*, dieses Körper-Echo, also auf einen von oben / rechts im Kopf herkommendes Verlauten, auf einen Ton, Laut, aus dem tiefen Inneren geachtet. Es sind schließlich Buchstaben, die aus diesem ‚typographischen' Raum herausklingen und die das Unbewusste dort gespeichert hält. Und genau in diesen Raum sind die *Formel-Worte* eingedrungen und haben die Buchstaben in ihrer B(r)uchstabenhaftigkeit geweckt und evoziert. Auch hier wieder gilt das Gleiche: es handelt sich um einen ganz originären Aspekt des Entäußerungs- bzw. Sprechtriebes, der in jedem Menschen als Primärprozess vorhanden ist und im Unbewussten sogar die Form ganz knapper, kompakter „innerer Sätze", „ultrareduzierter Phrasen" annimmt (alles Begriffe Lacans für diese lautliche Erfahrung).

Auch hier können anfänglich nur ein feines Rauschen, ein ferner Laut oder Ähnliches wahrgenommen werden können, der Übende wird jedoch von Anfang an bemerken, dass es sich hier um eine Konzentration auf ein mehr obenrechts oder oben-zentral im Kopf befindliches Hör-Sprechsystem handelt, zu dem die Echos des Körpers Beziehung haben, auf die hier zurückgegriffen wird. Auch wenn das eigentliche Hör-Sprechsystem im Kopf linksseitig angelegt ist, ist eben rechtsseitig das mehr rudimentäre, musikalische und der Regression besser zugängliche Hör-Sprechsystem vorhanden, und seine Echostruktur deutlich zu sehen. Dazu passen dann eher die kurzen Phrasen der *Pass-Worte*, während bei den längeren das linksseitige System (psychoanalytisch: das Vorbewusste) eine Rolle spielt.

Wenn man sich über Psychoanalyse etwas beliest und auch sonst Kontakt zu literarischer und wissenschaftlicher und sonstiger Kultur hält, und auch den vorliegenden Text gelesen hat, einen Versuch mit den Übungen gemacht hat, kurz: ein bisschen Bildungsbürger ist, wird man die oft sofort einsehbaren *Pass-Worte* richtig deuten. So schreibt Freud, dass man sogar manche Träume, die ja nun viel entstellter sind als die *Pass-Worte*, und die ja auch unmittelbar vom Symbolisch-Realen herkommen, direkt vom „Blatt weg ablesen" könnte. Man braucht nicht mehr den Träumer nach Einfällen dazu zu befragen und umständliche Interpretationen anzubringen.

Und noch ein letzter Hinweis, nach dem oft gefragt wird. Bemerkt man bei der Anwendung der *Analytischen Psychokatharsis*, dass der *Strahlt*-Anteil beim Üben zu stark ausfällt, wechselt man zur *Spricht*-Übung und umgekehrt. Ansonsten sind beide Übungen jeweils nur für etwa zwanzig Minuten durchzuführen. Der Wechsel von praktischer Erfahrung und theoretischem Denken ist wichtig, weil am Ende etwas Gemeinsames herauskommen wird: eine gedankliche Selbsterfahrung, eine praktische Logik, eine kathartische Analyse. Letztendlich finden beide Übungen zu einem inneren ‚Auftrag', einer Gewissheit, auch am Verfahren mitwirken zu können.

Andererseits habe ich bereits beschrieben, dass man manchmal nicht nur in Gedanken vom meditativen Vorgang abweicht. Manchmal weicht man sogar zwischen den einzelnen *Formel-Worten* zu Bildern, Erinnerungen, zu einem Gemisch von beiden und zu *Pass-Worten* ab, und kehrt doch wieder zum *Formel-Wort*-Reverberieren zurück. Der Fortgeschrittene wird dies durchaus als bereichernd erfahren, denn er lässt sich nicht in eine einseitige *Strahlt-* oder *Spricht*-Richtung verführen, sondern bleibt beim Fortschreiten in der engen Kombination der beiden Grundtriebe, Grundprinzipien, des Spiegel- und Echodiskurses. Und nochmals: neben einer Heilung von Störungen besteht das Ziel darin, an einer Weiterentwicklung des Verfahrens mitzuwirken.

Webseite: analytic-psychocatharsis.com

Literaturverzeichnis

Baggini, J., Ich denke, also will ich, dtv (2016)

Barkhaus, A., Mayer, M., Identität, Leiblichkeit, Normativität, Suhrkamp (1996)

Bauriedl, T., Beziehungsanalyse, Suhrkamp (1993)

Benthien, C., Wulf, Ch., Körperteile, Rowohlt (2001)

Bezzel, C., Wittgenstein, Junius (1996)

Breuer, R., Immer Ärger mit dem Urknall, Rowohlt (1993)

Brockman, J., Vogel, S., Wie funktioniert die Welt?, Fischer Taschenbuch (2013)

Byung-Chul Han, Die Austreibung des Anderen, Fischer Wissenschaft (201)

Byung-Chul Han, Die Errettung des Schönen, Fischer Wissenschaft (201)

Camus, A., Der Mythos des Sisyphos, Rowohlt (2018)

Carnap, R., Einführung in die Philosophie der Naturwissenschaft (1969)

Damasio, A. R., Descartes` Irrtum, Dtv (1997)

Dennet, D. C., Von den Bakterien zu Bacvh – und zurück, Suhrkamp (2018)

Davies, P., Gott und die moderne Physik, Bert. M. (1986)

Eccles, J. C., Gehirn und Seele, Piper (1987)

Eichmeier, J., Höfer, O., Endogene Bildmuster, U&S – Verlag (1974)

Fischer-Lichte, E., Performativität: Eine Einführung, transcript (2012)

Freud, S., Studienausgabe, Fischer (1989)

Goel, B. S. Meditation und Psychoanalyse, Ariston (1989)

Görz, G., Einführung in die Künstliche Intelligenz, Addison-Wesley (1996)

Harari, Y. N., Homo Deus, C. H. Beck (2017)

Heidegger, M., Unterwegs zur Sprache, G. Neske (1959)

Hilbrecht, H., Meditation und Gehirn, Schattauer (2010)

Hofstadter, D., Die Analogie, Klett-Cotta (2014)

Horgan, J., An den Grenzen des Wissens, Luchterhand (1997)

Hustvedt, S., Die gleissende Welt, Rowohlt (2016)

Husttvedt, S., Das Leiden eines Amerikanmers, Rowohlt (2009)

Hustvedt, S., Wenn Gefühle auf Worte treffen, Kampa (2019)

Jacobs, A., Schrott, R., Gehirn und Gedicht, Hanser (2011

Jakobson, R., Semiotik, Suhrkamp (1988)

Jakobson, R., On Language, Harvard University Press (1995)

Jung. C.G., Gesammelte Werke, Walter (1983)

Kant, I., Kritik der reinen Vernunft, Reclam (1966)

Kluge, F., Etymologisches Wörterbuch, W. de Gruyter (1989)

Lacan, J., Schriften I - III, Walter, (1975)

Lacan, J., Seminare I,I, VII, XI, XX, Quadriga (1980-1995)

Lacan, J., Seminaire Nr. III, Iv, VIII, XVII, Edition Seuil (1981-1994)

Lacan, J., Die Bildungen des Unbewussten, Turia & Kant (2006)

Lacan, J., Mitschriften der Seminare,VI,IX,X,XII,XV, B.R.L.F., Strasbourg

Laplanche, J., Pontalis, J. B., Das Vokabular Der Psychoanalyse, Suhrkamp (1989)

Linke, D., Kunst und Gehirn, Rowohlt (2001)

Maar, C., Pöppel, E., Christaller, T., Die Technik auf dem Weg zur Seele, Rowohlt (1996)

Merleau-Ponty, M., Das Sichtbare und das Unsichtbare, Fink Verlag (1994)

Pinker, S., Der Sprachinstinkt, Kindler (1996)

Plato, Sämtliche Werke, Insel Verlag (1991)

Popper, K. R., Eccles, J. C., Das Ich und sein Gehirn, Piper (1989)

Potthoff, P., Die Begegnung der Subjekte, Psychosozial-Verlag (2014)

Roazen, D., Der innere Sinn, Archäologie eines Gefühls, Fischer (2012)

Roheim, G., Die Panik der Götter, Kindler (1975)

Rosset, C., Das Reale in seiner Einzigartigkeit, Merve (2000)

Rüdinger, D., Perrez, M., Anthropologische Aspekte der Psychologie, O. Müller (1979)

Rudgley, R., Abenteuer Steinzeit, Kremaye & Scheriau (2001)

Schmidt-Hellerau, C., Lebenstrieb & Todestrieb, Libido & Lethe, Verlag Intern. Psychoanalyse (1995)

Searle, J. R., Geist, Hirn und Wissenschaft, Suhrkamp (1992)

Seidler, G. H., Der Blick des Anderen, Verlag Intern, Psychoanalyse (1995)

Sinz, R., Gehirn und Gedächtnis, Fischer Utb (1981)

Strowik, E., Sprechende Körper, Fink-Verlag (2009)

Thompson, R. F., Das Gehirn, Spectrum (1994)

Thorne, K. S., Gekrümmter Raum und Verbogene Zeit, Knaur (1996)

Tipler, F. J., Über die Omegapunkttheorie, Piper (1994)

Uexküll, Th., Fuchs, M., Subjektive Anatomie, Schattauer (1994)

Weiss, Der Andere in der Übertragung, Frommann-Holzboog, (1988)

Weizsäcker, C. F. von, Die Einheit der Natur, Dtv (1995)

Weinberg, S., Der Traum von der Einheit des Universums, Bertelsmann (1993)

Weizenbaum, J., Die Macht der Computer, Stw (1977)

Wiener, O., Probleme der Künstlichen Intelligenz, Merve (1990)

Wilhelm, R., Informatik, C.H.Beck (1996)

Wilson, E. O., Der Wert der Vielfalt, Piper (199

Wolf, F. A., Die Physik der Träume, Byblos (1996)

Wygotski, L.S., Denken und 'Sprechen', Fischer (1981)

Weitere Bücher des Autors aus dem MCS-Verlag

Analytische Psychokatharsis
Psychoanalytische Theorie und kathartische Meditation können nicht einfach ineinander überführt werden. Setzt man beide Verfahren aber durch ein entscheidendes Element (einen „linguistischen Kristall") in Beziehung, lässt sich ein eigenes neues Verfahren begründen. Die Psychoanalyse und die meditativen Methoden werden diskutiert, und die Praxis des eigenen Verfahrens wird ausführlich beschrieben.

Die Revolte des Selbst
Die klassische Methode der Analyse des Unbewussten stellt eine zu theoretische Revolte des Selbst dar. Um in der Praxis Erfolg zu haben bedarf es eines direkteren selbstanalytischen Verfahrens, das jeder aus sich selbst heraus entwickeln kann. Formulierungen, die in einem einzigen Schriftzug mehrere Bedeutungen enthalten, können das Unbewusste jedes Einzelnen durch mentales Üben aufbrechen und zu sich selbst befreien.

'teetrunken' Ausgangspunkt des Buches stellt die Lehre des Psychoanalytikers O. Graf Wittgenstein dar, der davon ausging, dass der Mensch in sich drei Teile birgt, die er nur verschiedentlich zu einer Einheit bzw. einheitlichen Persönlichkeit verbinden kann. Die letztliche und ideale Einheit nennt er den 'Trialog'. Anhand der Schilderung mehrerer Bergbesteigungen durchstreift der Autor alle möglichen kulturellen und psychologischen Fragestellungen, um im Endeffekt den 'Trialog' durch das Wandern, Meditieren und intellektuelle Verarbeiten zu er-

Yoga und Psychoanalyse

An Hand einer wissenschaftlichen Biographie des Religionswissenschaftlers und Yogalehrers Kirpal Singh (Surat Shand Yoga) werden alle Yogaformen von der Seite der Psychoanalyse her betrachtet. Es ergibt sich die Notwendigkeit ein eigenes Verfahren zu begründen, das der Autor auch *Analytische Psychokatharsis* nennt. Zahlreiche Bilder und Schemata machen das Buch anschaulich.